Christiane Birot

les plus belles **balades** autour de VALENCE

De l'Ardèche au Vercors
40 itinéraires pour baladeurs curieux

Les Créations du Pélican

Collection dirigée par Jean-Michel Renault

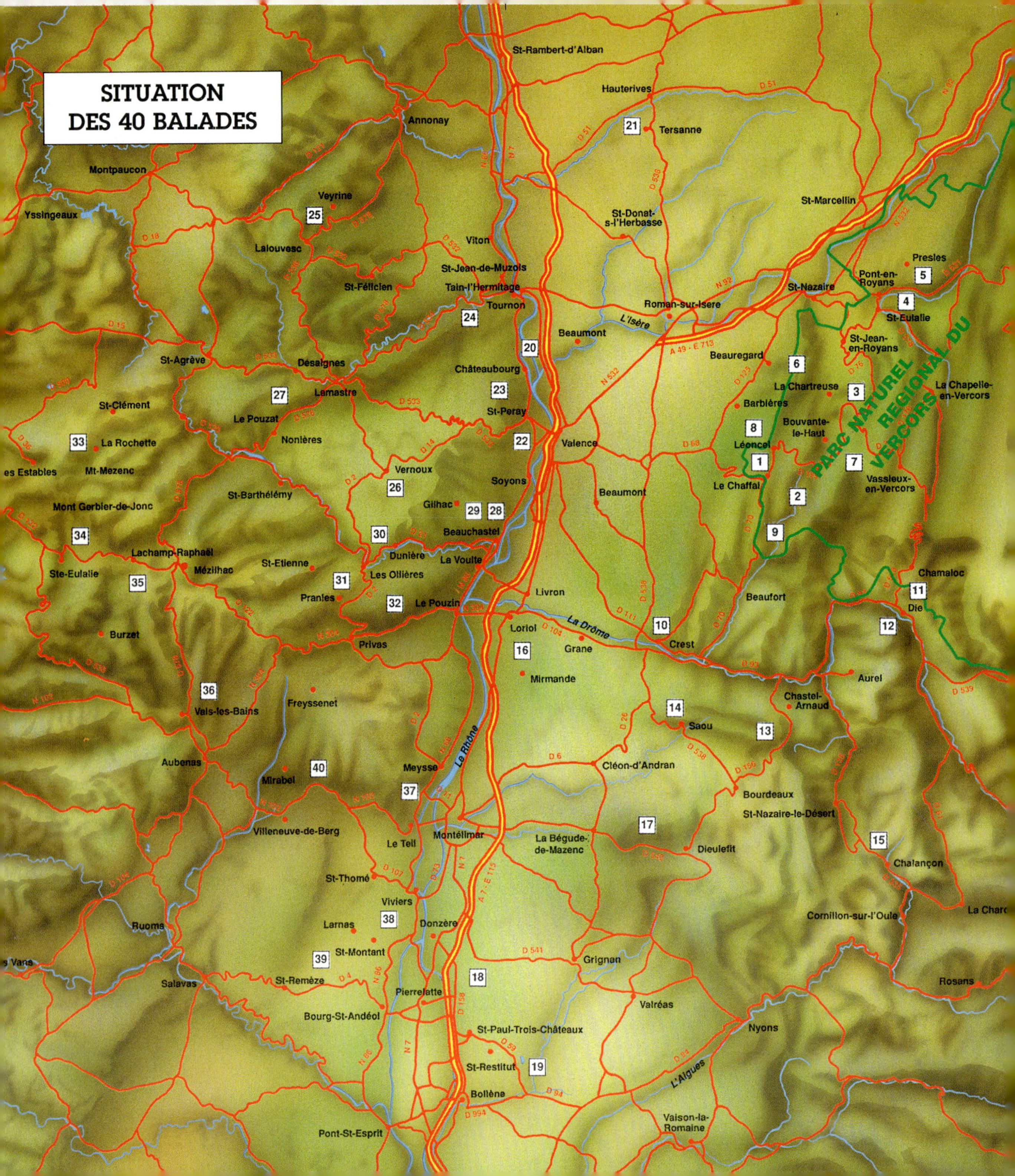
SITUATION
DES 40 BALADES
St-Rambert-d'Alban
Hauterives
Annonay
Tersanne
Montpaucon
Veyrine
Yssingeaux
St-Marcellin
St-Donat-s-l'Herbasse
Lalouvesc
Viton
St-Jean-de-Muzols
St-Félicien
Tain-l'Hermitage
Tournon
Presles
Pont-en-Royans
St-Nazaire
Roman-sur-Isère
St-Eulalie
L'Isère
Beaumont
St-Jean-en-Royans
St-Agrève
Désaignes
Châteaubourg
Beauregard
La Chartreuse
La Chapelle-en-Vercors
Lamastre
St-Clément
Le Pouzat
St-Peray
Barbières
Bouvante-le-Haut
PARC NATUREL REGIONAL DU VERCORS
Nonières
Valence
Léoncel
La Rochette
es Estables
Mt-Mezenc
Vernoux
Soyons
Le Chaffal
Vassieux-en-Vercors
Mont Gerbier-de-Jonc
St-Barthélémy
Gilhac
Beaumont
Beauchastel
Lachamp-Raphaël
Dunière
La Voulte
Chamaloc
Ste-Eulalie
Mézilhac
St-Etienne
Les Ollières
Livron
Beaufort
Die
Pranles
Le Pouzin
Loriol
La Drôme
Burzet
Privas
Grane
Crest
Mirmande
Aurel
Freyssenet
Vals-les-Bains
Chastel-Arnaud
Saou
Aubenas
Meysse
Le Rhône
Cléon-d'Andran
Mirabel
Bourdeaux
St-Nazaire-le-Désert
Villeneuve-de-Berg
Montélimar
Le Teil
La Bégude-de-Mazenc
Dieulefit
St-Thomé
Chalançon
Viviers
Ruoms
Larnas
Donzère
Cornillon-sur-l'Oule
La Charce
St-Montant
Grignan
s Vans
Salavas
St-Remèze
Pierrelatte
Rosans
Valréas
Bourg-St-Andéol
St-Paul-Trois-Châteaux
Nyons
St-Restitut
L'Aigues
Bollène
Vaison-la-Romaine
Pont-St-Esprit

Sommaire

Comment utiliser ce guide

Classification des balades

Difficulté

Très facile

Facile

Moyen

Difficile

Longueur

Jusqu'à 5 km

De 5 à 10 km

De 10 à 15 km

Plus de 15 km

Itinéraire
Faisable en VTT

Légende des cartes

① Repère numéroté

Itinéraire de la balade

Route carrossable

Chemin non carrossable

Voie ferrée, GR

Légende des cartes : signification des symboles

Lieu de parking - Départ de la balade

Point de vue - Sommet - Vent violent

Passage vertigineux - Curiosité

Gîte - Refuge

Aire de pique-nique - Camping

Promenade très facile - Montée difficile - Descente dangereuse

Eglise - Monastère, abbaye

Chapelle - Cimetière, tombe - Calvaire

Château - Ruines - Fort, fortifications

Ancien moulin - Grotte - Pont

Moulin à vent, à eau - Eolienne

Borie - Dolmen - Menhir

Curiosité botanique - Marais

Arboretum, arbre remarquable - Cactus

Présence de cervidés, de papillons, d'oiseaux de marais : échassiers divers, flamants roses.

Cascade - Source - Nidification de rapaces

Passage à gué - Station de ski

Par souci de commodité, nous vous donnons d'entrée les clés qui vous permettront de profiter de tous les avantages de ce guide et de tous les plaisirs de la balade: vous pourrez vous y référer à tous moments. Les symboles visuels, l'illustration des cartes et les fiches techniques ont été réalisés pour faciliter votre choix : en un coup d'œil vous savez l'essentiel sur chaque balade... et les photos vous donnent un aperçu de ce que vous allez découvrir. L'itinéraire d'accès et la description sont là pour vous guider ensuite avec précision sur le terrain... et vous signalent la moindre curiosité. Enfin les encadrés en disent plus aux baladeurs curieux.

Les précisions et les conseils de cette double page sont précieux. N'hésitez pas à y revenir : le plaisir et la sécurité valent bien la peine de s'informer.

Les itinéraires

Réparties autour de Valence, les 40 balades décrites dans ce guide ont été sélectionnées pour leur intérêt particulier, beauté des paysages, découverte du patrimoine naturel, architectural, historique. Elles ont été conçues, à chaque fois que cela a été possible, en boucle. Certaines sont linéaires à cause des contraintes du terrain. De progression généralement facile, toutes sont accessibles aux enfants accompagnés (à partir de 8-10 ans).

Balisage

Il est rare que la balade soit balisée en totalité. Le plus souvent elle emprunte un ou plusieurs tronçons de sentiers de balisage différent ; parfois, elle se déroule sur sentier non balisé ; parfois une liaison hors sentier permet le bouclage. Le balisage n'est donc pas le fil conducteur principal des itinéraires.

Durée

Elle varie de 1 h à 5 h 30, la moyenne s'établissant autour de 3 h. Elle est définie pour l'allure moyenne

d'un marcheur qui prend le temps de découvrir l'environnement, sans tenir compte des pauses. Le temps de marche est calculé selon le dénivelé :
- sur le plat : 3,5 km à l'heure
- en montée : 300 à 350 m de dénivelé à l'heure
- à la descente : 400 à 500 m de dénivelé à l'heure

Période

Sur les hauteurs, l'enneigement est la principale contrainte. Il faut donc se renseigner avant le départ dans le Vercors ou sur les sommets de l'Ardèche, auprès de la météo ou des offices de tourisme. L'été on évitera les montées en pleine chaleur et les départs trop tardifs l'après-midi (pour éviter de se laisser surprendre par la nuit). Chaque saison revêt un charme particulier, fleurs multicolores au printemps et frondaisons dorées à l'automne.

Équipement :

Randonnée légère : chaussures de tennis ou de marche légère, pull et coupe-vent peuvent suffire. Prévoyez 1/2 litre d'eau minimum par personne.

Randonnée classique : chaussures de marche à tige montante et semelle antidérapante, style "vibram". Choisissez-les imperméables et assurez-vous qu'elles vous sont confortables. Sac à dos contenant pull, vêtements imperméables et chauds, couverture de survie, gourde d'eau, casse-croûte et aliments énergétiques, lampe électrique, lunettes et crème solaire ; une paire de jumelles pour l'observation de la faune et un appareil photo pour immortaliser les meilleurs moments.

Comportement

- Soyez vigilant en période de chasse
- Évitez la divagation des chiens qui effraient les animaux.
- Ne souillez pas les points d'eau et remportez les restes de votre pique-nique.

Pique-nique au pied de la cascade du Ray-Pic. Prenez bien soin de faire place nette à votre départ.

- Ne faites pas de feu en forêt et évitez de fumer.
- Restez discret ; c'est le meilleur moyen de surprendre la vie sauvage.
- Ne cueillez ni plante ni fleur ; photographiez-les !
- Refermez bien les barrières.
- Soyez le randonneur curieux auquel ce livre s'adresse : contemplez la nature et intéressez-vous au patrimoine historique oublié que nos itinéraires vous convient à explorer.

Pour randonner heureux

- Consultez la météo départementale :
Drôme : 36 68 02 07 ; Ardèche : 36 68 02 26
- Entraînez-vous à l'orientation et à la lecture des cartes à grande échelle 1/25 000 et 1/50 000
- Ne partez jamais seul et prévenez de votre itinéraire et de l'heure approximative de votre retour
- Soyez en bonne condition physique et connaissez vos possibilités tant physiques que sportives. N'hésitez pas à renoncer devant un obstacle qui vous paraît trop difficile.
- Démarrez doucement, de préférence tôt le matin, marchez régulièrement et évitez la transpiration en vous dévêtant en cours d'effort, buvez souvent et peu à la fois.
- Méfiez-vous des dangers de la montagne : orages violents gonflant subitement les torrents, chutes de pierres, précipices, pentes herbeuses rendues glissantes par la pluie.

Balisage présent sur le terrain

Signification	Grande Randonnée	Grande Randonnée de Pays	Petite Randonnée
Continuation du chemin			
Changement de direction	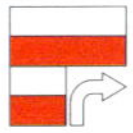	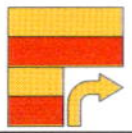	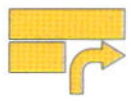
Mauvaise direction			

Avant-propos

"On apprend plus de choses dans les bois que dans les livres. Les arbres et les rochers vous apprendront ce que vous ne sauriez entendre ailleurs. Vous verrez par vous-même que l'on peut tirer du miel des pierres et de l'huile des rochers les plus durs."

Saint Bernard Épître 101

En regardant une carte, on est frappé par l'analogie que présente la région de Valence avec notre système respiratoire ! L'artère du Rhône est bordée par les deux poumons que dessinent les départements de la Drôme et de l'Ardèche. Je vois dans cette image une relation avec l'un des objectifs de ce livre de balades : vous inviter à l'oxygénation dans une nature superbement variée.

Valence a en effet le privilège de se situer au cœur d'une région idéalement placée entre l'Auvergne et les Alpes, entre Lyonnais et Provence. Ceci explique la diversité de ses paysages, de ses climats, de ses couleurs, de ses hommes et de leur culture. Terre de contraste, c'est encore le Nord et c'est déjà le Midi, avec le mistral qui balaie les nuages pour dégager le ciel d'azur. Ce sont les hauts sommets montagneux, enneigés une grande partie de l'année et les vignobles des coteaux, gorgés de soleil. Ce sont les forêts de type alpin qui voisinent avec les champs d'oliviers. Ce sont les reliefs, la végétation, la faune et la flore qui malgré leur diversité, se mêlent en une grande harmonie : falaises escarpées et sucs volcaniques, vergers et garrigues, cascades impétueuses et sources d'eau claire, fleurs alpines et lavandins. Ce sont même les hameaux isolés des collines qui côtoient les installations ultramodernes de la vallée du Rhône.

Dans cette incroyable richesse naturelle, géologique, culturelle, le passé lointain resurgit à chaque détour en grottes préhistoriques, ponts romains, villages médiévaux et châteaux-forts, chapelles romanes et temples protestants, sans oublier les récents souvenirs de la Résistance. Car cette région a de tous temps été une terre d'accueil, de rencontre et de passage, qui a su attirer et retenir artisans, paysans, artistes et créateurs. Restée intacte, cette terre "sent bon la nature sauvage". On peut y surprendre les chamois dans les Trois Becs, les hérons cendrés au-dessus de l'Ouvèze, les castors dans la réserve des Ramières ou les oiseaux migrateurs au col de l'Escrinet.

Ce guide vous invite à partir à la découverte de cette région aux multiples visages, qui dépayse à chaque détour de chemin. Déjà quelques noms chantants évocateurs vont vous inciter à vous mettre en route, Roche Colombe, Vals les Bains, Beauchastel, Angèle, Bournillon, Val des Nymphes...Comment résister à une telle poésie ! Loin d'être exhaustif, le livre vous propose des excursions dans un rayon de 7 à 100 km autour de Valence, essentiellement réparties dans le Vercors, le Diois et l'Ardèche. Les balades ont été choisies autour de curiosités d'ordre géologique, architectural, botanique, historique ou géographique. Ce ne sont pas des balades du style "marathon", mais des balades gourmandes, où l'on prend le temps de savourer la beauté du panorama, de discuter avec le berger, de découvrir la petite fleur rare du Mézenc, de guetter l'oiseau-bombe, de goûter les myrtilles et les framboises, d'imaginer les hommes dans leurs habitats rupestres, ou de sentir les parfums qui montent des lavandes en fleurs. Car les sentiers réservent bien des surprises au promeneur attentif et curieux. A vous, ami lecteur, de choisir dans le menu, la balade qui pourra au mieux satisfaire vos goûts du jour pour le sport ou la découverte. Préparez l'appareil photo, les jumelles, le sac à dos et de bonnes chaussures, sans oublier bien sûr, votre guide Pélican. En route et bonne balade. L'aventure est au bout du chemin.

La nature vous appartient, les prairies, la bruyère, les roches et la fraîcheur de l'eau, la balade à pied vous réserve toujours mille petit bonheur au détour des chemins. Le célèbre facteur cheval ne chercha-t-il pas à livrer son palais au hasard et à la spontanéité de la nature.

1 L'ABBAYE DE LÉONCEL
la crête du Grand Échaillon et l'abbaye cistercienne

A 35 km à l'est de Valence, découvrez, dans une belle vallée du Vercors, l'abbatiale blottie dans un écrin vert de prairies et de bois.

fiche technique

Longueur : 6 km
Dénivelé : 300 m
Durée : 2 h
Difficulté : néant
Période : été
Équipement : randonnée légère
Balisage : jaune et vert, rouge et blanc
Carte Michelin : n° 246 pli 5
Carte IGN : 3136 ET Combe Laval
A voir aux environs : Chabeuil, son Hôtel de Ville, sa tour et sa porte du XIIIe siècle, Combovin et sa chapelle Ste-Marguerite, lieu de pèlerinage.

itinéraire d'accès

Vous quittez Valence par la D 68 vers Chabeuil, Peyrus, le col des Limouches (altitude : 1086 m) et descendez vers La Vacherie. Vous tournez à gauche dans le village en direction de Léoncel (D 70) que vous apercevez bientôt au loin. Environ 1 km après la Vacherie au niveau d'une croix, vous quittez la D 70 pour emprunter sur votre droite un bon chemin qui remonte vers deux cabanes en pierre. Au premier carrefour de chemins, vous poursuivez tout droit et garez votre véhicule.

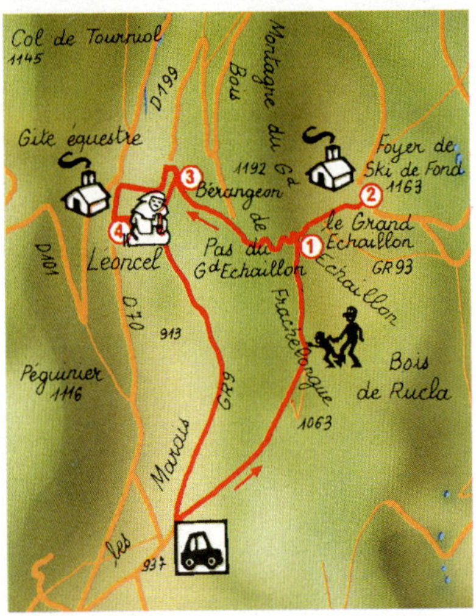

description

La balade commence à 937 m au lieu-dit «le Marais»et suit au départ une piste, balisée jaune et vert par le Parc naturel régional du Vercors, qui s'élève régulièrement vers le Grand Échaillon. Très rapidement, vous franchissez une clôture et dépassez une ancienne carrière. Le chemin monte à travers des bois entrecoupés de clairières offrant de belles vues sur la vallée solitaire de La Vacherie et de Léoncel. Le vert clair des prairies bordé par le vert sombre des forêts qui garnissent les pentes, donne au paysage une impression de sérénité et de paix. Les moines ne se sont pas installés là par hasard ! Le chemin dessine deux virages aigus avant d'atteindre le pas du Grand Échaillon (altitude : 1200 m) où il sort du bois pour longer des prairies d'altitude. Vous rencontrez l'itinéraire du GR 93 qui monte à gauche, depuis Léoncel ①. Ce sera votre chemin de retour. Il vous accompagne à droite sur le plateau jusqu'à des maisons que vous dépassez. Vous le quittez au premier carre-

«L'Abbatia Fontes Lionne» : une abbatiale cistercienne dans le Vercors

Construite entre 1137, date d'installation des moines cisterciens venus de l'abbaye de Bonnevaux près de Vienne et 1210, l'église abbatiale de Léoncel se dresse au bord des sources de la Lionne, dont elle tire son nom.

Longs hivers, redoutable «burle», rudesse des rochers, mais aussi sources abondantes, prairies verdoyantes, forêts de chênes, de hêtres et de résineux : que voilà un site rude, mais propre à séduire les fils de St Bernard.

Dans la grande tradition cistercienne de labeur, de défrichement, de mise en valeur du sol et de fructueuses relations avec les seigneurs voisins, l'abbaye s'étendit et s'enrichit rapidement, jusqu'à son apogée au XIIIe siècle. Puis, durant les siècles qui suivirent, pillages, conflits féodaux et religieux, difficultés morales et financières contribuèrent à sa longue décadence, malgré les périodes de répit, jusqu'au départ des derniers religieux et la vente aux enchères par l'État, sous la Révolution.

Le premier pas de la renaissance fut fait en 1854, grâce au classement de l'abbaye comme monument historique. Mais c'est depuis 1974 qu'elle a retrouvé vraiment la vie, grâce aux «Amis de Léoncel», qui, en association avec les Monuments Historiques et la Commune, en ont poursuivi la restauration et fait un lieu d'activités culturelles, de concerts et de rencontres.

De l'ensemble abbatial, il ne reste qu'un bâtiment monastique remanié au XVIIe et l'église du XIIe de pur style roman : architecture simple, lignes sobres, contreforts massifs. Le clocher de deux étages en pierre manifeste les influences alpines. A l'intérieur, le dépouillement de la décoration rappelle la vocation des moines. Toutefois, la nef est couverte en voûtes d'arête, ce qui a rendu possible le percement de fenêtres donnant une luminosité exceptionnelle pour un édifice roman. Notez enfin la beauté des chapiteaux. Vous remarquerez un lutrin du XVIe, un beau Christ en bois datant de 1860 et une belle icône moderne.

La «Communion Ste Marie de l'Église» prend en charge l'accueil dans l'église (visites commentées, projections, audiovisuel) et propose des animations spirituelles et liturgiques, l'été également un spectacle «son et lumière» (renseignements au 75 41 02 35). Des gîtes ruraux et un refuge sont aménagés pour l'hébergement, dans l'annexe de l'abbaye (tél : 75 41 02 18). Plus de vingt mille visiteurs venus en cars, en voiture, à vélo, à cheval, à ski où à pied, poussent chaque année les portes de l'abbatiale.

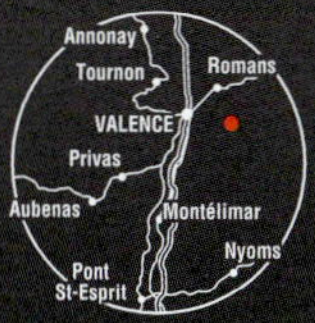

four de sentiers pour continuer tout droit puis obliquer à gauche dans un beau peuplement de hêtres, l'une des essences reines du Vercors. Vous atteignez la route du col de la Bataille au niveau du foyer du Grand Échaillon ②, centre de plein air du Vercors drômois, ouvert toute l'année pour la découverte, les sports nature, les randonnées. En hiver, c'est un centre de ski de fond très fréquenté. Vous y trouverez toutes documentations sur les itinéraires, une salle hors-sac et un snack-bar (tél. 75 40 10 44). Revenant sur vos pas, vous reprenez l'itinéraire balisé rouge et blanc qui très vite abandonne la large piste pour «plonger» littéralement à travers bois sur la droite, vers Léoncel. Le sentier escarpé ① dévale en lacets la montagne du Grand Échaillon. Le long de ce parcours dans le bois de hêtres, vous ne devez pas vous laisser distraire par des chemins latéraux horizontaux, pourtant plus confortables, mais choisir toujours la plus forte pente ! En bas, un carrefour de sentiers ③ vous invite à continuer à descendre tout droit vers l'abbaye de Léoncel que vous apercevez bientôt dans son vallon verdoyant ceinturé de rochers. Vous atteignez la petite route qui y conduit à gauche, d'où le monument apparaît dans toute sa beauté sobre. L'été, les chevaux du relais équestre tiennent compagnie aux vaches dans les prés. Vous arrivez sur le site (4) : que les amateurs d'art roman se réjouissent : l'abbaye cistercienne, est un joyau. Vous ne serez pas déçu de la visite.

Revenant sur vos pas, vous remontez par le GR 93 déjà emprunté à la descente, jusqu'au carrefour de sentiers ③ et choisissez cette fois-ci l'itinéraire du GR 9 à droite vers Plan de Baix. D'abord en balcon dans le bois, le sentier traverse la plaine des Marais jusqu'à votre point de stationnement. Cet itinéraire vous réserve encore de belles perspectives sur l'abbaye, assise entre les pentes du signal de Tourniol et les falaises de l'Échaillon.

Les falaises au-dessus de l'abbaye sont pistes d'envol pour le parapente. L'abbaye de Léoncel. A cheval, à l'assaut du Grand Echaillon.

2 LA TÊTE DE LA DAME

le roc de Toulau, les alpages et la montagne d'Ambel

A 48 km à l'est de Valence, une superbe balade aux vues aériennes dans l'immensité des alpages

fiche technique

Longueur : 16 km
Dénivelé : 380 m
Durée : 5 h
Difficulté : évitez absolument les jours de brouillard
Période : été
Équipement : moyenne randonnée
Balisage : jaune et vert, rouge et blanc
Carte Michelin : n° 246 plis 5-6
Carte IGN : n° 3136 ET Combe Laval

itinéraire d'accès

Vous quittez Valence par la D 68 vers Chabeuil et le col des Limouches (altitude : 1086 m) pour redescendre ensuite vers La Vacherie et vous diriger par la D 70 vers Léoncel. Vous gagnez alors par la D 199 le Col de la Bataille (altitude : 1313 m) et son tunnel, puis parcourez environ 3 km à partir du col. Vous garez votre voiture à gauche de la route, en face du monument d'Ambel érigé à la mémoire de la Résistance (altitude 1125 m).

description

A la droite du monument, un panneau indique la direction du plateau d'Ambel et de la Tête de la Dame. Vous passez le petit portillon vert. La route pastorale s'élève en pente douce dans les prairies entrecoupées de bois, puis traverse une vaste zone herbeuse encadrée de part et d'autre de forêts. Sur la droite, le roc de Toulau vous surplombe de ses 1580 m et sur ses flancs vous apercevez le refuge de la ferme d'Ambel. Les alpages sont très habités : ovins, bovins, chevaux. Vous atteignez bientôt le GR 93. Vous le coupez ① (vous quittez aussi momentanément le balisage jaune et vert) et poursuivez tout droit la montée vers une clôture que vous franchissez. Comme toutes celles que vous rencontrerez au cours de cette balade, prenez soin de bien la refermer derrière vous. Toujours dans le fond du vallon, vous vous élevez vers un petit bois de hêtres que vous contournez par la droite et continuez la montée en direction de la croupe herbeuse du Pas de la Garde (altitude : 1320 m ②. Vous y retrouvez le balisage jaune et vert montant de la droite, que vous allez suivre dans son ascension progressive en rebord de la falaise. Après une pente plus marquée, vous atteignez la Tête de la Dame (1506 m) dont le sommet est matérialisé par un cairn ③. De là, le panorama est grandiose : immensité des alpages d'Ambel vers le nord, silhouette imposante du Grand Veymont vers l'est, les Préalpes méridionales et les sommets caractéristiques des Trois Becs vers le sud et enfin vers l'ouest, les falaises aux couleurs chaudes des gorges d'Omblèze et tout au

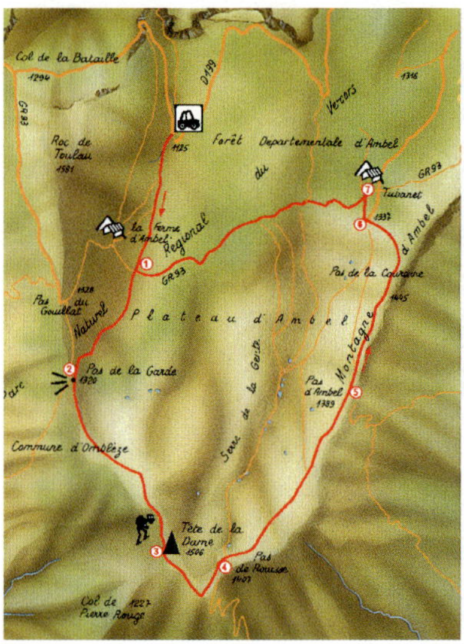

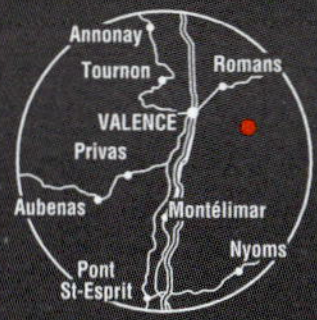

fond le Massif Central. Savourez et observez les lointains, mais aussi votre environnement immédiat : un énorme lièvre a détalé devant nous juste au sommet ! La descente s'effectue, toujours en suivant le balisage jaune et vert, en longeant le rebord de la falaise qui forme à cet endroit un V pointé vers le sud. Vous apercevez en contrebas les premières mares aménagées pour l'abreuvement des troupeaux dont les sonnailles tintent joliment à vos oreilles. Au Pas de la Rouisse④ un panneau invite à suivre la direction du refuge de Tubanet-Font d'Urle, en laissant descendre à droite le sentier menant à Saint-Julien-en-Quint. L'itinéraire longe le rebord du plateau d'Ambel, dominant dans le fond du vallon, le chapelet des mares-abreuvoirs. Ce long cheminement toujours en balcon s'abaisse légèrement vers le Pas d'Ambel ⑤ (1389 m). Négligeant à cet endroit un sentier à droite, vous remontez toujours le long du rebord pour vous diriger ensuite, par une descente dans les alpages, vers le coin bien visible de la forêt. Vous descendez à gauche le long de la clôture que vous franchissez par une barrière⑥ pour arriver dans le virage d'une route forestière (balisage rouge et blanc du GR 93 que vous allez maintenant suivre). Très vite en vue du refuge de Tubanet, (50 mètres avant le refuge) vous quittez la route forestière ⑦ pour descendre dans un bois d'épicéas. Le sentier ressort un peu plus loin dans les alpages par un premier portillon de couleur verte. Vous longez la clôture sur votre droite et descendez dans le vallon. Le bois d'épicéas fait place à un taillis de hêtres que vous longez. En haut de la pente, un deuxième portillon vert donne sur un bois qu'il faut traverser pour descendre un chemin d'exploitation à droite. Un troisième portillon ouvre sur les alpages et le chemin qui rejoint ① la route pastorale ramenant au monument de la Résistance. Ce monument rappelle que le plateau d'Ambel a abrité le premier maquis du Vercors et de France en 1942.

A gauche, troupeau de vaches dans les alpages. Ci-dessus, le Roc de Toulau.

Le col de la Bataille et le plateau d'Ambel

Un sentier grimpe au-dessus du tunnel. C'est de là que la vue sur le col de la Bataille est la plus saisissante. Il ressemble à une longue crête pelée qui s'étire entre deux vallées, les dominant de plus de 600 mètres, le bassin d'Omblèze sec et méditerranéen adossé aux montagnes du Diois au Sud, la vallée boisée de Bouvante de type alpin au Nord. A l'extrémité de la crête, le roc de Toulau en forme de pyramide se prolonge par les immensités du plateau d'Ambel. On a peu de connaissance sur l'origine du nom de ce col. Certains parlent du conflit des vents qui s'y donnent rendez-vous. D'autres préfèrent imaginer des querelles anciennes entre des religieux ou des armées. Il est certain par contre, que ce col était emprunté par les troupeaux transhumants montant en estive aux pâturages d'Ambel. Ils devaient payer un droit de pulvérage (passage). Car le plateau d'Ambel, avec son couvert de forêts et de pelouse est d'un étonnant intérêt écologique. Les alpages du plateau ont accueilli dès le Moyen Age les troupeaux de l'abbaye de Léoncel et de la région, et aussi ceux de Provence. Une race locale de chevaux, la «Barraquane» y a même été développée au milieu du XIXe siècle par la famille Barraquan.

3 LA COMBE LAVAL
les falaises de la Serre Châtelar, le Pas de Pas

A 41 km au nord-est de Valence,
une balade qui vous fera découvrir l'une des combes les plus célèbres
et les plus impressionnantes du Vercors.

fiche technique

Longueur : 15 km
Dénivelé : 700 m
Durée : 4 h 45
Difficulté : longueur, attention aux escarpements
Période : été
Équipement : moyenne randonnée
Balisage : rouge et blanc, jaune et vert
Carte Michelin : n°246 pli 5
Carte IGN : 3136 ET Combe Laval
A voir aux environs : la route impressionnante des Petits et Grand Goulets

itinéraire d'accès

Vous quittez Valence en direction de Grenoble par la N 532 Jusqu'à Saint-Nazaire-en-Royans où vous bifurquez vers Saint-Laurent-en-Royans par les D 76 et D 216. A Saint-Laurent vous tournez en direction du col de la Machine que vous abandonnez après 1 km dans le premier virage sud pour prendre à droite la petite route D 239 qui s'enfonce dans la Combe Laval. Après un km vous stationnez sur un petit emplacement à droite au niveau du départ de la piste qui monte à gauche et que vos pas vont bientôt fouler. (Si le parking est occupé, poursuivez la D 239 sur une centaine de mètres où vous trouverez une excellente aire ombragée).

description

Vous empruntez la piste qui monte en oblique sur la gauche de la route. Un panneau porte des indications sur les balisages du sentier : rouge et blanc (GR 9) qui vous accompagne jusqu'au Pas de Pas, jaune et vert (Parc du Vercors) que vous suivrez sur l'ensemble du circuit. La piste monte en pente régulière, laissant une carrière sur la gauche et s'engage dans un bois de chêne blanc. Sur la droite, les hautes falaises de l'Écharasson dans lesquelles des forestiers audacieux ont accroché, il y a un siècle, une route vertigineuse, dominant la vallée de 600 m ! Après le passage d'un torrent, sec en saison estivale, la piste devient sentier. Vous passez un ruisseau et le bois s'épaissit. A une fourche (environ 40 minutes depuis le départ) vous obliquez à gauche ① et adaptez votre pas à la pente qui devient plus raide. Toute la montée se fait sous la muraille de la montagne de Serre Châtelar dressée au-dessus de vos têtes. Un bruissement d'eau sur votre gauche suggère le jaillissement d'une source au pied de la falaise ; un sentier y conduit. Au travers

Route de la Combe Laval.

des arbres, vous pouvez bientôt apercevoir dans le fond de la combe le petit monastère orthodoxe de Saint-Antoine. Le sentier rejoint la paroi et des marches habilement taillées dans la roche ② vous permettent de progresser (altitude 785 m). 1 h 20 s'est écoulée depuis le départ. Vous avancez dans une forêt de hêtres dominant des buis ; la pente du sentier s'atténue et la forêt devient plus belle et plus diversifiée : érable, tilleul, frêne s'ajoutent au hêtre. Une dernière grimpette dans les rochers vous amène à la brèche du Pas de Pas ③ (altitude 985 m). Votre montée a duré environ 2 h. Prenez le temps d'admirer le paysage en gagnant un point de vue sur votre gauche (prudence avec les enfants). Le spectacle sur les falaises et l'entrée de la Combe Laval est saisissant. Si l'on pouvait planer comme les oiseaux de proie ! Vous revenez au sentier qui monte maintenant en pente douce à travers un bois de hêtres puis d'épicéas et atteint la route D 2 en 15 minutes ④. Une pancarte signale l'altitude de Cabusson (1070 m) et la direction à gauche de Saint-Laurent et Sainte-Eulalie. Vous quittez le balisage rouge et blanc pour suivre maintenant l'itinéraire jaune et vert qui emprunte la petite route à gauche sur environ 2 km. Que le goudron ne vous décourage pas. La route est peu passante et j'ai même aperçu des che-

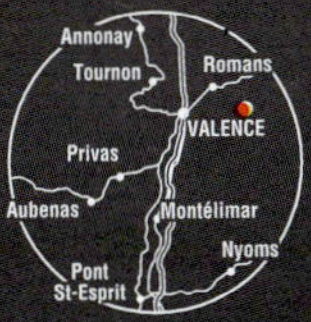

vreuils broutant tranquillement sur le bord ! Au carrefour de la Pinpignère, vous tournez à gauche dans la combe de la Serre Châtelar ⑤. Une pancarte indiquant Saint-Laurent, Sainte-Eulalie invite à s'engager sur un sentier qui descend dans la hêtraie pour atteindre un chemin d'exploitation. Vous empruntez ce chemin légèrement sur votre droite, laissant à gauche un peuplement d'épicéas. Vous passez une ruine sur votre droite et rejoignez à Pertuseau une route forestière sur laquelle vous cheminez environ 300 m. Vous bifurquez ensuite à gauche pour prendre un sentier qui continue à descendre vers Serre Châtelar ⑥. Peut-être n'irez-vous pas bien vite sur ce tronçon, car les nombreux framboisiers sont bien tentants à la belle saison ! Bientôt, la croix Saint-Laurent se profile devant vous perchée sur un petit sommet. Le sentier la laisse à gauche, poursuivant sa descente dans un médiocre bois de hêtres. La pente s'accentue et au détour d'un virage serré; la plaine du Royans et le bourg de Saint-Laurent se découvrent à vous. Après un bois de chênes, le sentier s'élargit avant de rejoindre la D 2 sur laquelle vous tournez à gauche ⑦. Vous y parcourez quelques centaines de mètres avant de trouver à gauche les balises rouge et blanc du GR 9 qui vous invitent à quitter le goudron ⑧. Vous traversez une prairie et descendez à droite un sentier qui atteint un bois. Le sentier rejoint un chemin que vous prenez à main gauche sur quelques dizaines de mètres avant de descendre à droite vers une belle noyeraie où vous prenez à gauche un bon chemin vous ramenant au point de départ.

Route entre ciel et terre.

Le monastère orthodoxe Saint-Antoine.

Un petit air de Grèce... en Royans

Décidément le Vercors inspire les ordres monastiques : dès le XVIIe siècle, les Chartreux s'intéressent à St- Laurent-en-Royans, en y installant une fonderie, alimentée par du charbon de bois amené depuis Lente. Il ne reste plus rien de cette activité aujourd'hui.
Par contre, plus inattendu au cœur du Vercors : tomber au détour d'une balade sur un monastère... orthodoxe. Il s'agit de St Antoine le Grand (à ne pas confondre avec l'abbaye de St Antoine), dépendance du monastère de Simonos Petra, au mont Athos. Plus surprenant encore : cette «filiale» d'un monastère grec si prestigieux fut fondée... en 1978. Certes quelques bâtiments vétustes datant du XVIIe ont été restaurés, mais la construction de la nouvelle église, entreprise récemment, vient seulement d'être achevée. Édifiée en forme de croix dans la plus pure tradition byzantine et décorée d'icônes, elle est placée sous le patronage de Saint-Silouane du mont-Athos, récemment canonisé.
La communauté monastique qui y vit, fait de ce lieu un centre d'accueil pour les fidèles, spécialement les Grecs et les orthodoxes de toute la région.
Renseignements au monastère St Antoine le Grand.

Une route aérienne

Du Pas de Pas, l'échancrure taillée en encorbellement dans les hautes falaises de l'Écharasson est visible de l'autre côté de la Combe Laval. Par des galeries et des tunnels, l'étroite route en corniche parcourt plusieurs km le long de parois verticales avec des à-pics de plus de 600 m au-dessus de la cascade du Cholet. On imagine les efforts périlleux qui ont été nécessaires à sa construction. Comme beaucoup de routes du Vercors, ouvertes à la même époque, celle des Goulets (1854), celle de la Bourne (1872) et celle du col de la Bataille, pour n'en citer que quelques-unes, la route de Combe Laval (1896) fut construite par l'Administration des Eaux et Forêts pour désenclaver les massifs forestiers et réduire les temps de transport du bois vers la plaine. L'exploitation forestière et la transformation du bois demeurent une des grandes richesses du Royans, boisé à plus de 50 %.

La forêt de Lente

Avec ses 4000 hectares, la forêt domaniale de Lente constitue une bonne illustration de la sapinière du Vercors où les forêts résineuses de ce type sont nombreuses. Cette sapinière présente un aspect «jardiné», c'est-à-dire que le peuplement est composé d'arbres d'âge varié en mélange. Les Chartreux exploitèrent cette forêt pendant plusieurs siècles ; ils tentèrent d'y établir des familles paysannes alors que ce lieu était inhabité de manière permanente, mais aucun village ne vit réellement le jour dans la belle clairière. L'Administration des Eaux et Forêts (aujourd'hui l'ONF) y installa, il y a plus de 100 ans, le village forestier (avec son école) destiné à ses techniciens en charge du massif. La forêt est équipée d'un très beau réseau routier favorisant la sylviculture et l'exploitation forestière. L'activité forestière est encore de nos jours l'un des fleurons de l'économie locale. De nombreux sentiers permettent une découverte pédestre des endroits les plus reculés ; cure de verdure et d'oxygène garantie ! En hiver, quand la neige recouvre la forêt de sa blancheur contrastant avec le vert sombre des sapins, la clairière de Lente est un point de départ idéal pour de superbes randonnées à ski de fond.

Cochons repus dans la forêt de Lente.

Les noix du Royans

Qu'elles s'appellent «franquette», «parisienne» ou «mayette», elles ont toutes l'appellation bien connue de «Noix de Grenoble». Ce sont les fruits oléagineux d'un arbre aux belles frondaisons, de couleur dorée au printemps et d'un vert profond en été. Les noyers bien alignés poussent dans des noyeraies bien entretenus. Les noix se ramassent en automne à la main, agenouillé ou courbé au sol. On en remplit des paniers et des sacs. Elles sont ensuite lavées et séchées. Autrefois l'opération de séchage se faisait dans des séchoirs à claies ou des greniers bien ventilés. Actuellement on le réalise dans des séchoirs plus modernes. Les noix se consomment sèches en hiver. Elles entrent aussi dans certaines préparations : les confitures se font à partir de jeunes noix récoltées au début de l'été et le vin de noix en les faisant infuser dans de l'eau - de-vie. L'huile de noix est extraite en hiver : les noix broyées portées sous presse donnent à la première pression, une huile vierge délicieuse.

Les ongulés sauvages du Vercors

On appelle ongulés les animaux qui marchent sur leurs ongles transformés en sabots. La Combe Laval a le privilège d'accueillir sur son territoire, quatre des six ongulés sauvages présents dans le Vercors : le chamois, qui, avec sa robe fauve et ses pattes agiles, parcourt le Vercors depuis toujours et se plaît surtout au bord des falaises les plus élevées ; le cerf d'Europe, coiffé de ses bois élégants qui lui donnent cet air majestueux, réintroduit en forêt de Lente en 1959 et présent maintenant dans les forêts des quatre montagnes ; le chevreuil timide et craintif, lâché à la même époque dans la forêt des Coulmes d'où il a essaimé dans tout le Vercors où sa population est très nombreuse ; enfin le sanglier, abondant partout et dont la population serait en augmentation. A ces quatre ongulés, il faut ajouter le mouflon et le bouquetin pour avoir la liste complète des ongulés sauvages. Le mouflon qui n'avait jamais été présent dans le Vercors y a été introduit en forêt de Lente pour la chasse. Le bouquetin qui avait pratiquement disparu du Vercors depuis des siècles, y a été réintroduit en 1989 par le Parc naturel régional. On le rencontre spécialement en bordure des falaises et dans le cirque d'Archiane. Le Vercors est bien l'un des rares massifs où l'on peut rencontrer en un même lieu les six ongulés sauvages de France.

B.P.

S.M.

B.P.

Office de la chasse

B.P.

De haut en bas, le chevreuil, le chamois, le cerf.
Ci-dessus, le sanglier.

4 LES GROTTES DE CHORANCHE

les falaises de Presles, les exsurgences de Gournier et de Couffin, les cascades de tuf

A 48 km au nord-est de Valence, une balade au pied des impressionnantes falaises du cirque de Choranche, à la découverte de grottes préhistoriques, creusées par des eaux souterraines qui se déversent en cascade. Un site exceptionnel.

fiche technique

Durée : 3h (sans compter la visite des grottes)
Difficulté : quelques pentes raides
Période : demi-saison, été
Équipement : randonnée classique
Point d'eau : aux grottes
Balisage : panneaux en bois
Carte Michelin : n° 246 pli 5
Carte IGN : n° 1/25000 Top 25 3136 est
A voir aux environs : les maisons suspendues de Pont-en-Royans ; les gorges de la Bourne.

itinéraire d'accès

Vous quittez Valence par la N 532 direction Grenoble et, 2 kms après Saint-Nazaire-en-Royans, prenez à droite la D 531 vers Villard-de-Lans. Quelques kms après Pont-en-Royans vous arrivez à Choranche et cherchez dans le village la petite route qui monte en oblique à gauche vers le hameau de la Ranconnière. Vous vous garez au début de cette route.

description

Vous remontez la voie, longez le cimetière, franchissez un petit pont et juste avant le monument aux morts, gravissez à droite ① un sentier indiquant la direction des grottes. Il bifurque à droite au premier embranchement et s'élève dans les prés vers les impressionnantes barres rocheuses de Presles striées d'ocre. Le murmure d'une cascade rythme votre pas. Après être passé à la droite d'un champ, vous grimpez quelques marches pour rejoindre la petite route qui traverse à droite le hameau de la Ranconnière et se poursuit par un large chemin longeant le ruisseau vers le nord. Bientôt, vous le traversez à gué sur une poutrelle métallique ② et trouvez de l'autre côté un chemin ombragé, clôturé à cause du bétail ; il traverse un verger de noyers, avant d'obliquer à gauche. Le sentier pierreux s'élève maintenant entre les buis face aux falaises du cirque. Du vallon de Gournier monte le grondement sourd d'une autre cascade. A un embranchement, une pancarte vous invite à rejoindre les grottes par la voie de gauche ③. Le sentier, parfois très raide, s'élève en lacets vers les falaises au milieu des buis. A une seconde bifurcation, vous choisissez à gauche le sentier qui monte d'abord à la grotte de Gournier ④. Vous n'y ferez que passer, son accès étant exclusivement réservé pour le moment aux spéléologues confirmés ou accompagnés, mais de ce point élevé, vous découvrez un autre panorama de falaises, celui du cirque de Bournillon, de la Grande Cournouze, et au loin la montagne de l'Arps

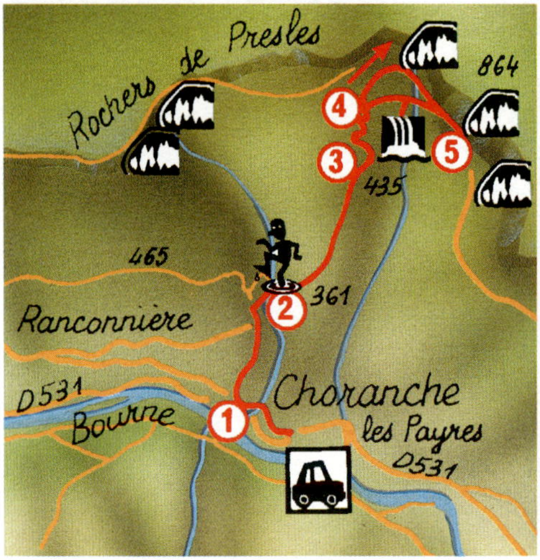

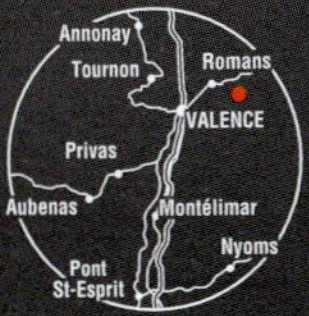

et le mont Barret. Vous poursuivez votre marche vers le site préhistorique de la grotte de Coufin appelée grotte de Choranche ⑤. Dominée par un vaste porche, celle-ci aurait déjà été utilisée il y a plus de 70 000 ans, comme en témoignent les vestiges archéologiques retrouvés dans les abris des grottes, qui font l'objet sur le site d'une intéressante exposition. Après la visite recommandée de la grotte aménagée (promenades guidées d'1h avec un droit d'entrée), vous pourrez éventuellement faire un petit tour à «l'accueil, pique-nique, restaurant» de l'entrée qui propose aussi des montages audiovisuels sur le Vercors dans une salle réservée et des boutiques présentant l'artisanat local et les spécialités.
Le retour emprunte, au départ de la grotte de Coufin, le sentier de découverte tracé par le Parc naturel régional du Vercors au pied des falaises. Protégé des vents du nord par le cirque rocheux et exposé au soleil, le site jouit d'un micro-climat qui favorise le développement d'une végétation de type méditerranéen, très rare dans les Alpes du Nord à cette latitude. Outre les buis, on y trouve cytises, orchidées et plusieurs genévriers, dont le genévrier thurifère. Sur le parcours, un détour de 10 minutes AR vous mène au pied de la cascade de tuf ; en dévalant des hautes falaises, l'eau rebondit en chutes successives jusqu'à la Bourne où elle va se jeter. A côté vous remarquerez les dépôts calcaires aux formes étranges qu'elle a déposées, les tufs, recouverts de mousse et si tendres qu'ils sont faciles à tailler. Un peu plus loin, la jonction se fait avec le sentier venant de Gournier ④ que vous prenez à gauche pour redescendre sur le village de Choranche.

A gauche, le village suspendu de Pont-en-Royans.
La cascade de tuf.

B.P.

Le faucon pèlerin

On l'appelle aussi «l'oiseau-bombe», ce beau rapace aux yeux immenses, que les pharaons de l'ancienne Egypte avaient déifié. Menacé de disparition, il réapparaît dans des sites rupestres comme le Vercors. Vous pourrez l'apercevoir planant dans le ciel de Choranche car un couple de faucons pèlerins a élu domicile dans les rochers de Presles. En oiseaux modernes, ils ont accepté auprès d'eux la présence d'une caméra qui enregistre leurs faits et gestes. Il serait plus difficile de les saisir en vol. Car ces excellents chasseurs qui se nourrissent d'oiseaux, s'élancent du haut des falaises et fondent sur leur proie à la façon d'une «bombe», tombant en piqué à une vitesse pouvant atteindre 300 km à l'heure.

La grotte de Couffin

Découverte en 1875 par Oscar Decombaz et plus connue sous le nom de grotte de Choranche, elle a été depuis, explorée sur une vingtaine de km, mais l'espace aménagé pour la visite se trouve seulement à l'entrée. Une vaste salle accueille le visiteur, tout de suite saisi par la féerie du spectacle. Des milliers de longues et fines stalactites transparentes éclairées se reflètent dans les eaux d'un lac, alimenté par la confluence de deux rivières souterraines. Une merveille ! Ces «macaronis» de «cristal», aiguilles creuses de plusieurs millimètres de diamètre à peine et d'une longueur dépassant souvent 3 mètres sont parcourus en leur centre par des eaux d'infiltration qui s'écoulent goutte à goutte à leur extrémité. Un phénomène rare et unique en Europe. La visite se poursuit avec celle d'un nouvel espace récemment ouvert au public et animé par un son et lumière, la très belle salle de la cathédrale.

70 000 ans de présence humaine

Sous le gigantesque surplomb rocheux de l'entrée de la grotte de Couffin, une exposition retrace l'histoire de l'occupation de ces grottes et abris sous roche par l'homme depuis des temps très reculés. Des équipes de chercheurs ont retrouvé sur place dans les couches de sédiments accumulées, de nombreux vestiges qui témoignent de la présence humaine en ces lieux à différentes époques. Depuis le Paléolithique où l'homme était chasseur, en passant par le Néolithique où il découvrit l'élevage, le site aurait ensuite servi de refuge à l'époque gallo-romaine (IVe-Ve siècles) et au Moyen Age. 70 000 ans d'aventure humaine ! A ne pas manquer.

Reconnaître en vol les rapaces du Vercors

Le faucon crécerelle, aux ailes rousses au-dessus et blanchâtres en-dessous, vole sur place «en Saint Esprit», en battant des ailes, sa queue large lui permettant de contrôler le sur place et se terminant par une barre très nette. Le circaète Jean le Blanc, au ventre et au dessous des ailes immaculés, chasse parfois en faisant du sur place. Le milan noir, migrateur, est sombre et a une queue fourchue. L'épervier est gris et petit, ses ailes sont arrondies, son vol rapide et à basse altitude. L'autour des palombes lui ressemble avec une plus grande taille. La buse, migratrice, de couleur variable, se pose sur les branches des arbres ou les clôtures et décolle à votre arrivée. La bondrée apivore se mêle à la buse variable lors de ses migrations mais s'en distingue par une plus petite envergure et sa queue large barrée de deux lignes foncées. L'aigle royal, aux ailes carrées et aux couleurs sombres, le plus grand et le plus commun des montagnes, plane très haut dans le ciel.

B.P.

(A) Le faucon crécerelle
(B) L'aigle royal
(C) L'épervier
(D) De passage, le percnoptère d'Egypte
(E) La buse
et une volée de rapaces nocturnes
(F) La chouette effraie
(G) La chouette chevêche
(H) La chouette hulotte
(I) Le hibou petit duc
(J) Le hibou grand duc

A
B.P.
B
B.P.
C
B.P.
D
B.P.
E
S.M.
F
H.K.
G
S.M.
J
B.P.
H
H.K.
S.M.
I

5 LA RÉSURGENCE DU BOURNILLON

les gorges de la Bourne, le cirque et la grotte de Bournillon

A 51 km au nord-est de Valence, une courte balade-découverte d'un des plus beaux sites naturels du Vercors : une résurgence qui a creusé une ouverture géante dans des gorges aux très hautes falaises.

fiche technique

Longueur : 3 km
Dénivelé : 150 m
Durée : 2 heures y compris la visite rapide
Difficulté : néant
Période : toutes saisons
Équipement : randonnée légère
Balisage : néant
Carte Michelin : n° 246 pli 5
Carte IGN : 3235 ouest

itinéraire d'accès

Vous quittez Valence par la N 532 direction Grenoble et 2 km après Saint-Nazaire-en-Royans, prenez à droite la D 531 vers Villard-de-Lans. Quelques km après Pont-en-Royans, vous arrivez à Choranche où vous prenez à droite la petite route qui traverse la Bourne et conduit à Bournillon par le hameau de Vezor. Superbe, elle grimpe à travers prairie et noyeraies, ménageant des vues magnifiques sur le barrage de la Bourne dominé par de hautes falaises rousses. Vous atteignez l'usine électrique et vous garez sur le parking.

description

Vous repassez le Bournillon sur le pont métallique de couleur verte et empruntez immédiatement à gauche la montée, au départ assez raide, du sentier aménagé. Passant sous la grosse conduite forcée verte provenant du captage de la grotte de Bournillon, le sentier poursuit sa montée dans les buis, négligeant deux départs de chemin qui viennent de la droite. Devant un mur rocheux, il se divise en deux : vous choisissez la voie de gauche qui après avoir passé deux pierriers, se rapproche du fond du cirque. C'est là que la cascade du Moulin Marquis dégringolant dans le vide d'une hauteur de plus de 150 m ruisselle sur la paroi moussue. Une première grotte se présente à droite fermée par une grille ; son exutoire est sec en été. Très vite, le sentier s'insinue sous une voûte rocheuse pour s'incurver vers la droite. Il poursuit sa montée le long d'un escarpement qui domine le lit du Bournillon, où l'eau circule sous de gros blocs moussus. Enfin après quelques pierriers, vous voilà devant l'impressionnante falaise rose avec son porche géant de 170 m de haut. Le lieu est grandiose ! Vous pénétrez dans la grotte encombrée par un énorme éboulis et suivez le bord de l'eau (elle peut être totalement absente en plein été). Parois et voûtes se mirent dans les eaux vertes du petit barrage intérieur. Vous empruntez le passage aménagé au-dessus de la prise d'eau de la conduite forcée. Il se termine par une passerelle d'où vous apercevez dans le noir, une seconde petite retenue, le plus souvent à sec l'été. Pourtant ne vous y trompez pas. Il suffit parfois de quelques jours de fortes pluies pour que le débit d'eau de la résurgence monte dans la galerie, atteigne la passerelle et déborde en torrent. Les colères du Bournillon sont célèbres, ses crues impressionnantes au printemps atteignant jusqu'à 60 à 70m³/s.

De la passerelle, vous revenez sur vos pas et montez à gauche dans les éboulis, visiter une deuxième grande salle à la voûte immense, d'où de nombreux blocs se sont détachés. Le retour s'effectue par la voie de montée.

Il est dangereux de s'aventurer seul dans les grottes ou au-delà de la passerelle. Pour une visite-découverte des merveilles de la grotte en compagnie de moniteurs spéléo, vous pouvez vous adresser au gîte d'étape de Choranche (Téléphone : 76 36 04 02) ou à Dimension 4 à Villard-de-Lans (Téléphone : 76 95 00 81).

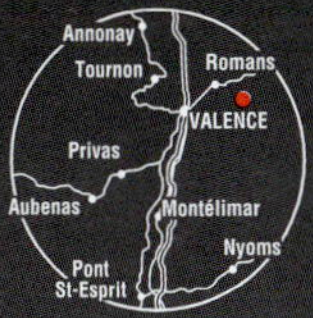

Un système hydro-géologique unique

On compare souvent le Vercors à un gruyère, tant sont nombreuses les entrées de son monde souterrain. On en aurait recensé 1500 ! L'eau qui tombe en abondance sur les plateaux, en s'infiltrant dans le sous-sol, a provoqué l'érosion de la roche calcaire et donné naissance à un univers de gouffres profonds, de grottes aux concrétions magnifiques, de longues galeries, de lacs et de rivières souterraines. Sous terre, la circulation interne des eaux est très active. Disparus dans des puits ou «scialets», les ruisseaux réapparaissent par résurgence après avoir creusé des galeries sur parfois plus de 10 km. L'exploration spéléologique des réseaux souterrains s'est souvent heurtée à des obstacles infranchissables : boyaux, siphons, voire même éboulements. Mais complétée par la technique de coloration des eaux, elle a permis de déceler l'existence de grands réseaux hydrologiques, même si l'on n'a pas toujours accès à la totalité de leur parcours. Un des plus curieux exemples de cette activité est fourni par le système hydrologique souterrain de la résurgence de Bournillon qui drainerait les eaux du plateau de Vassieux et les pertes de la Vernaison. Par sa longueur (20 pkm connu) et sa puissance, le réseau souterrain se classe parmi les plus importants du massif et l'un des plus grands de France. Un autre système connu partirait du plateau de Font d'Urle où l'eau infiltrée donnerait le ruisseau de Brudour qui disparaissant en forêt de Lente se retrouverait dans la rivière du Cholet au fond de la Combe Laval. Les mordus de spéléologie n'ont pas fini l'exploration de ce monde mystérieux et fascinant.

Cascade du Moulin Marquis.
Passerelle de la grotte de Bournillon.
Voûte rocheuse.

6 LE TOUR DES ESSARTS
Rochechinard, son château, son musée

A 39 km de Valence, au nord-ouest du plateau du Vercors, une balade autour du grand château féodal du mont des Essarts.

fiche technique

Longueur : 8 km
Dénivelé : 360 m
Durée : 3 h
Difficulté : orientation (balisage espacé)
Période : demi-saison, été, en évitant les heures chaudes
Équipement : randonnée classique
Balisage : jaune et rouge, pancarte,
Carte Michelin : n° 246 pli 5
Carte IGN 1/25000 : Top 25 3136 est Combe Laval
A voir aux environs : Saint-Nazaire-en-Royans et son aqueduc enjambant la Bourne. La grotte de Thais, ancien abri préhistorique s'ouvrant au bord de la rivière. Un bateau à roue qui fait un circuit sur l'Isère proche, pour observer la faune et la flore aquatique. St-Jean-en-Royans et les boiseries de son église, provenant de la Chartreuse de Bouvante.

itinéraire d'accès

Vous quittez Valence par la N 532 direction Grenoble et à Saint-Nazaire-en-Royans prenez à droite la D 209 vers Rochechinard. Après 4 km, vous tournez à droite vers le Musée Régionaliste et garez vous à côté de l'ancien presbytère de Rochechinard dans lequel est installé le musée.

description

De la place du Musée Régionaliste, vous choisissez au premier embranchement la petite route goudronnée du Bois-Savoyard, à droite, qui file entre une ferme et des vergers de noyers. Elle s'élève vers le Nord dans les chèvrefeuilles odorants, offrant de belles échappées sur le plateau de Saint-Jean-en-Royans. Après la traversée d'un bois de chênes et de châtaigniers, le carrefour des Matinières bien balisé ① invite à prendre à gauche une longue piste en terre au milieu des noyers, qui dessine bientôt une grande épingle à cheveux vers la droite. Des vues lointaines s'offrent alors sur Saint-Nazaire, la plaine de la Bourne et celle des Royans. A 1 km du carrefour des Matinières, vous devez abandonner le chemin qui s'abaisse tout droit vers Saint-Nazaire ② et vous élever à gauche sur une piste qui s'oriente vers l'Ouest. Elle décrit une grande boucle et progresse régulièrement dans la forêt. A une nouvelle bifurcation, vous restez sur le chemin principal à droite et entrez dans un domaine privé. Une pancarte recommande de ne pas approcher du troupeau (surtout si vous êtes accompagné de votre chien) car il est protégé contre les chiens errants par des chiens de montagne des Pyrénées. Respectez ces consignes. Vous progressez jusqu'à la ferme de «Belle Combe» ③, où votre discrétion sera appréciée et poursuivez tout droit vers le Sud à l'ombre des chênes. Après 2 km environ, repérez sur la gauche, avant la maison des «grandes Etoubles» l'indication du chemin de retour vers Rochechinard ④, un sentier herbeux à prendre en épingle à cheveux. Il traverse une prairie, passe en lisière d'un bois et à

Saint-Nazaire-en-Royans.

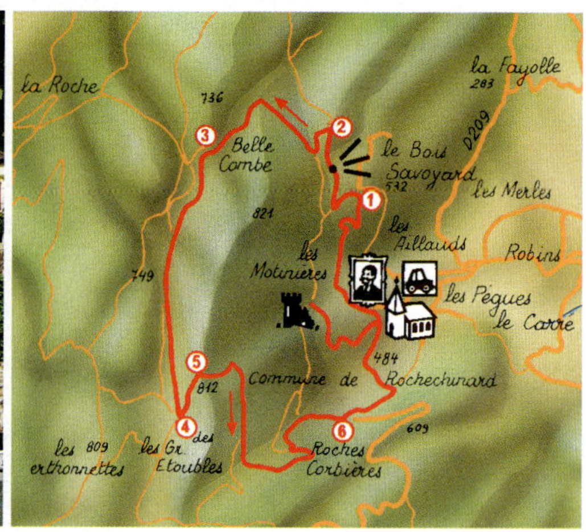

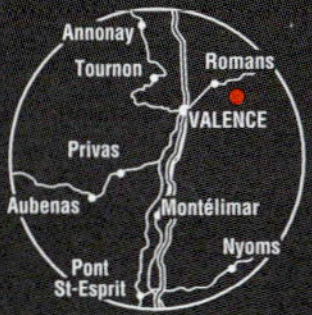

La montée au château

L'accès au château peut se faire par un sentier : au départ du musée, il suffit de remonter la voie goudronnée menant à Mal Vit et de tourner à droite avant la ferme. On passe devant une maison et on franchit une clôture. Avant d'arriver au pied de la colline, il faut grimper à gauche sur le talus pour chercher le chemin d'accès au château ; il monte en oblique de la gauche et entre en sous-bois. Arrivé sur site, beau panorama sur le Royans, les falaises du Vercors et la vallée de l'Isère. Prudence dans les ruines instables et attention aux vipères qui affectionnent l'été les pierres chauffées par le soleil. La construction du château remonterait au XIe-XIIe siècle. On raconte qu'un des derniers occupants du château au XVIe aurait été un prince turc nommé Zizim, emprisonné là par son frère, fils de l'empereur de Turquie Mahomet II.

un embranchement, s'y enfonce tout droit (ne pas aller dans la clairière à droite). Après le passage d'une clôture ⑤ à longer ensuite vers l'Est, vous entamez une grande descente vers le Sud, sans vous soucier d'un chemin qui descend de la droite au niveau d'une coupe de bois. La piste bifurque nettement à gauche et dessine une grande boucle avant d'atteindre un embranchement où vous choisissez la pente la plus forte à droite. Elle descend en lacets vers les roches Corbières au sable rouge. Quelques mètres plus bas, une large voie ⑥ redescend vers Rochechinard, offrant tout au long de son parcours, de belles perspectives sur le château féodal planté sur son éperon entouré de verdure. Du donjon et de la tour de garde aux fenêtres ajourées, il a des allures de guetteur ! Vous arrivez bientôt au Musée Régionaliste.

Château de Rochechinard.
Petit pont de pierre.

Un musée de la mémoire

Dans le presbytère proche de la petite église entourée de son cimetière, a été aménagé un musée régionaliste. On y trouve la reconstitution d'un intérieur de ferme au XIXe, avec la cuisine, la chambre, la magnanerie. Il présente aussi les costumes régionaux et les vieux outils de la vie rurale. L'ancien presbytère ouvre aussi ses portes à des expositions d'artistes de la région.

Son et lumière au château

Pendant plusieurs années à partir de 1976 s'est déroulé au pied des vestiges un spectacle audiovisuel très original. Orchestré par l'association des amis de Rochechinard, il mobilisait toute la population locale qui apportait son talent au montage de la fête. Des jeux scéniques reconstituaient l'histoire du château féodal et de ses habitants, dans un décor rehaussé par la lumière et la musique. Une initiative heureuse à laquelle chacun participait avec enthousiasme et qui attirait un vaste public des régions environnantes.

Balade suivante : le But de Saint-Genix.

7 LE BUT DE SAINT-GENIX

belvédère au-dessus du Diois

A 70 km à l'est de Valence, une ascension
en forêt à partir du plateau de Vassieux en Vercors,
pour gagner les sommets verdoyants
des hautes falaises et parcourir les crêtes. Un superbe parcours.

fiche technique

Dénivelé : 272 m
Durée : 2 h 30
Difficulté : attention aux à-pics sur les crêtes ; absence de balisage d'une partie du parcours
Période : été, en évitant absolument le brouillard
Équipement : randonnée classique
Balisage : vert et jaune
Carte Michelin : n° 246 plis 5 et 6
Carte IGN : 1/25000 Top 25 n°3136 Est
A voir aux environs : Le musée du site préhistorique de Vassieux qui protège un site néolithique de taille du silex. Le musée et la nécropole de la Résistance, qui perpétuent le souvenir du maquis du Vercors.

itinéraire d'accès

Vous quittez Valence en direction de Grenoble par la N 532 que vous laissez 2 km après Saint-Nazaire-en-Royans, pour prendre à droite la D 531 jusqu'à Pont-en-Royans, puis la route des petits et des grands Goulets vers la-Chapelle-en-Vercors, et de là, la D 178 jusqu'à Vassieux. Sur la place du village vous empruntez la petite route de la plaine de Charose (D 615) vers le sud et au carrefour de la Croix de Fer obliquez à droite vers le musée des sites préhistoriques que vous laissez sur votre droite. Vous continuez tout droit sur 1500 m environ jusqu'au carrefour du Lauset où vous gardez la branche de gauche, bientôt rejointe par une autre route en oblique à gauche. Vous montez encore tout droit sur 2500 m jusqu'à un virage en épingle à cheveux, lieu du départ de la balade où vous vous garez.

description

Dans le virage, vous empruntez le chemin le plus à droite qui s'élève direction ouest, dans la belle forêt de Marignac. Une première bifurcation invite à rester sur la large branche de gauche et une seconde, à progresser sur le sentier de droite qui monte très raide direction ouest, sud-ouest. Vous traversez une ancienne piste et progressez vers les crêtes. A la sortie de la forêt, vous débouchez sur des pentes herbeuses où le sentier se perd. Le Pas Forent (1543m) devant vous est vite atteint ①. Du haut des falaises abruptes vous pouvez admirer un panorama sur l'enfilade des massifs rocheux et le large cirque de Saint-Julien-en-Quint. Restez prudent cependant aux abords des rochers en à-pics. En juin le tapis vert est jonché de fleurs printanières, narcisses, trolles, boutons d'or, bleuets, etc. Après une halte réparatrice, vous allez suivre le sentier des crêtes, balisé vert et jaune, qui court le long de la falaise et s'élève vers le sud jusqu'au sommet, le But de Saint-Genix, dont une borne indique l'altitude 1643 m ②. Une vue magnifique s'étend sur la Drôme provençale, le Diois et jusqu'au Grand Veymont.

Vous continuez à longer les falaises sur le sentier balisé qui entame sa descente d'abord vers l'est, puis le nord-est. Après avoir pénétré dans une zone boisée et marché, légèrement sur le côté nord de la crête, vous rejoignez une piste qui descend à droite vers le col de la Chau (1431 m), matérialisé par une borne ③. Au lieu de continuer tout droit par le sentier balisé menant au col de Vassieux et au But de l'Aiglette, vous prenez, à gauche de la borne, l'étroit sentier herbeux non balisé qui descend en oblique à gauche. Avec lui vous traversez une grande piste (qui descend à droite) et filez tout droit. Le sentier est envahi de myosotis au printemps. Au moment où le chemin s'incurve très fort pour descendre à droite, vous le quittez pour rester sur un autre sentier herbeux qui progresse tout droit dans la forêt, croise une large voie et continue de l'autre côté quelques mètres plus bas dans la végétation ④. A une première bifurcation vous restez sur la branche de

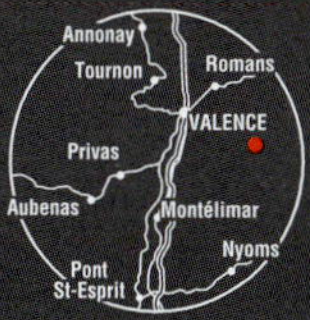

gauche ⑤, et au second carrefour, vous empruntez la piste qui descend nettement à droite à travers la forêt ⑥. Elle vous ramène à votre point de départ.

Un atelier préhistorique de taille de silex

En 1970, des archéologues découvrent un gisement de silex remarquablement conservé, prouvant l'existence d'un atelier de taille vieux de 4000 ans. D'autres ateliers de ce type, malheureusement détruits, auraient également été dénombrés sur le plateau de Vassieux. C'est dire l'intense activité qui a dû se développer ici au Néolithique. L'un des plus importants d'Europe, avec ceux du Grand Pressigny en Indre et Loire et de Spiennes en Belgique, cet atelier fabriquait toutes sortes d'outils pour la vie quotidienne et pour l'armement. Et les longues lames étaient exportées dans toute l'Europe occidentale. Pour préserver ce site exceptionnel, le parc naturel régional du Vercors a fait construire sur place, le Musée du site préhistorique. Il propose la visite de l'atelier de taille (avec démonstration par des animateurs) et des montages audiovisuels présentant la vie des artisans. A l'extérieur, on a reconstitué l'habitat ancien. Une visite à ne pas manquer.

Musée du site préhistorique : ouvert de mai à octobre tous les jours sauf mardi de 9h à 12h et 14h à 1h. Hors saison, sur rendez-vous - Tél. 75 48 27 81

Un haut lieu de la Résistance

Le site du plateau de Vassieux avait été choisi par les forces de la Résistance comme terrain d'atterrissage pour les troupes alliées. Tragiquement, ce furent les planeurs allemands qui l'utilisèrent le 21 juillet 1944 pour déverser leurs commandos qui anéantirent le village et tous ses habitants. Le musée de la Résistance œuvre d'un maquisard, le monument commémoratif «aux martyrs du Vercors 1944» et le cimetière qui abrite les sépultures des victimes de juillet 44, rappellent les épisodes tragiques qui se sont déroulés dans le village de Vassieux, aujourd'hui entièrement reconstruit.

Le col de la Chau.

8 LE PAS DE BOUVARET
les monts du Matin, les gorges de Combe d'Oyans

A 30 km à l'est de Valence, entre la montagne de l'Épenet et celle de Musan, l'ascension facile de l'impressionnant rebord du Vercors.

fiche technique

Longueur : 7,5 km
Dénivelé : 500 m
Durée : 3 heures
Difficulté : néant
Période : toutes saisons sauf neige
Équipement : moyenne randonnée
Balisage : bleu, puis jaune
Carte Michelin : n° 246 pli 5
Carte IGN : 3136 ET Combe Laval
A voir aux environs : Rochefort-Samson et les ruines de son château-fort. Beauregard-Barret et le Pré de cinq sous.

itinéraire d'accès

Vous quittez Valence par la route D 68 en direction de Chabeuil. Dans cette localité, vous prenez la route D 125 qui se dirige nord-est vers Charpey et Rochefort-Sanson. Après ce village, vous poursuivez vers le nord-est sur la D 125 vers Hostun et prenez très vite à droite la petite route de Saint-Genis qui conduit au pittoresque portail rocheux de Combe d'Oyans, très prisé des grimpeurs. Vous laissez à droite la route qui mène aux carrières, grimpez au-dessus du portail dominé à droite par les ruines d'un château, et vous dirigez vers l'impressionnante muraille de falaises. Dans le hameau de Saint-Genis, vous tournez à droite, passez entre deux maisons et garez votre voiture 200 m après, au début de la piste non revêtue.

Eperon rocheux dominant le pas de Bouvaret.

description

Vous poursuivez à pied le chemin empierré qui file vers le sud en pente ascendante légère. Sur votre gauche, les falaises de la montagne de l'Épenet et de la montagne de Musan, séparées par le Pas de Bouvaret vous dominent. Admirez les nombreuses aiguilles calcaires et les masses jumelles imposantes des rochers des Deux Sœurs qui se dressent au dessus des versants tapissés de bois. Juste après la ferme en ruines d'Izerette, vous quittez le grand chemin ① pour monter en oblique sur la gauche, après avoir passé une clôture. Une flèche bleue sur un rocher vous indique la voie ; le balisage bleu qui vous guidera jusqu'au col demande un peu d'attention dans cette partie de l'itinéraire. Vous montez obliquement dans le pré en direction des rochers des Deux Sœurs et rencontrez une haie encadrant un chemin montant de la droite. Vous tournez à gauche ② (passez au dessus de la haie : les buis

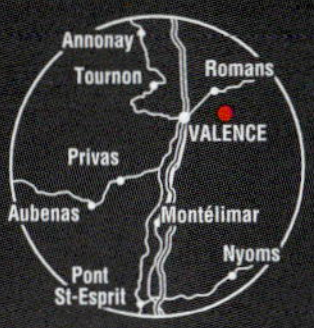

obstruent le milieu du chemin) et retrouvez le cheminement maintenant régulièrement balisé de bleu qui s'enfonce sous un bois de pins sylvestres et de hêtres, dominant un sous-bois de buis. Après avoir franchi une clôture, vous poursuivez la montée régulière dans le bois de hêtres où le sapin apparaît par endroits. Vous atteignez une jonction ③ où un sentier balisé jaune monte de la gauche (votre itinéraire de retour). A droite, le sentier continue son ascension par une pente raide ; les lacets deviennent plus serrés au pied des parois dressées au-dessus de vos têtes. Une petite grotte s'offre à vos yeux. Courage ! Encore quelques lacets et vous arrivez au col, le Pas de Bouvaret, altitude 1132 m (4). Pour bien profiter de la vue, sortez du bois en vous glissant à gauche et à droite du col dans des sentiers taillés dans les buis : ils vous conduisent vers le rebord des falaises et des éperons rocheux. Tenez bien la main des enfants ! La vue sur la vallée du Rhône et le Massif central est magnifique ! Juste en-dessous du col, côté Léoncel, une grande prairie vous accueille pour le pique-nique.

Le retour s'effectue par la voie de montée jusqu'à la jonction des deux sentiers ③. Vous prenez alors à droite pour descendre dans le bois en suivant le balisage jaune qui vous accompagnera jusqu'à Saint-Genis. Dans les vallons les plus frais, remarquez de beaux arbres : sapins, hêtres, frênes. Le sentier sort de la forêt au niveau d'une croupe pour descendre à droite et atteindre une prairie pentue d'où vous apercevez le hameau. Vous traversez la prairie en oblique au-dessus d'une ligne de peupliers d'Italie ; à son extrémité, vous tournez à gauche et revenez vers la lisière du bois ⑤ (ne pas aller tout droit vers la ruine). Le chemin descend, ombragé sous la lisière. Après le passage d'une dernière clôture, vous atteignez le hameau et retrouvez votre voiture.

Les falaises du Pas de Bouvaret.

9 LE SAUT DE LA DRUIZE

les gorges d'Omblèze, le moulin de la Pipe, la chute d'eau.

A 40 km à l'est de Valence, une balade dans le défilé, à l'endroit où la Gervanne saute une dernière barre rocheuse pour tomber à pic d'une hauteur de 70m. Spectacle étonnant. La sortie idéale à faire le dimanche en famille.

fiche technique

Dénivelé : 85 m
Durée : à partir d'1 h 30
Difficulté : escarpement
Période : demi-saison, été
Équipement : bonnes chaussures
Balisage : pancartes
Carte Michelin : n° 246 pli 6
Carte IGN : 1/25000 Top 25 n°3136 est
A voir aux environs : Les gorges d'Omblèze avec les cascades de la petite et de la grande Pissoire. Plan de Baix au pied du plateau du Vellan percé de grottes, le château de Montrond et l'église romane. Le village moyenâgeux de Beaufort-sur-Gervanne. Gigors, son château médiéval et son église isolée, au clocher carré.

itinéraire d'accès

Vous quittez Valence par la D 68 menant à Chabeuil, continuez vers Peyrus, puis le col des Limouches où vous prenez à droite la jolie route touristique D70 vers Plan de Baix. Dans le village, vous descendez à gauche vers le vallon d'Omblèze, les Arbords et les Boutons, par la D 578 qui serpente au pied du plateau du Vellan, laissant sur la droite le beau château de Montrond. Arrivé au moulin de la Pipe, vous quittez la route des gorges qui continue tout droit et traversez la Gervanne à droite au niveau d'une auberge, pour vous diriger vers le site de la Druize. A un embranchement, vous laissez le hameau d'Ansage et sa jolie église à gauche, pour continuer à droite jusqu'à un emplacement de parking qui domine les gorges.

description

En descendant vers la ferme proche, vous trouvez à main droite le sentier menant à la cascade : il descend vers les hautes falaises aperçues en contrebas et plonge vers le fond des gorges. Arrivé à un embranchement, dirigez-vous d'abord vers la droite pour gagner le sommet de la barre rocheuse d'où saute la rivière. Bien entendu la plus grande prudence est recommandée aux abords de la cascade. Curieusement, c'est une rivière tout à fait tranquille qui coule en amont de la chute, avant de faire un bond de 70 m. Après avoir visité les abords, vous revenez en arrière jusqu'au carrefour de sentier et choisissez cette fois celui, signalé par la pancarte, qui descend vers le bas de la cascade. Il passe devant une maison en ruine construite dans un abri sous roche et serpente vers les bords de la rivière. En bas, vous choisissez le sentier de droite qui longe la Gervanne et parvient au bas de la chute d'eau : bondissant dans une échancrure entre les parois des hautes falaises, la cascade de la Druize retombe en germes d'écume. C'est à la mi-journée que la cascade est la plus belle, quand le soleil éclaire l'étroite échancrure, y réalisant de surprenants jeux de lumière.
Pour prolonger cette promenade, il est possible de suivre le sentier qui longe en rive gauche les bords de la rivière et serpente dans le vallon sous les hautes falaises : charmant parcours au bord de l'eau à travers de vertes prairies. Sur un km, la rivière

Les gorges d'Omblèze

Au moulin de la Pipe, un énorme rocher ouvre l'entrée des gorges. On pénètre dans le défilé, long de 3 km, échancrure étroite entre de hautes falaises qui parfois s'avancent en surplomb. La Gervanne coule le long de la route, après avoir reçu les eaux du ruisseau du Pêcher qui descend par le canyon des Gueulards et la cascade de la grande Pissoire. La cascade de la petite Pissoire qui tombe aussi du vallon de Corbière vient à son tour grossir la rivière. L'abondance et la clarté des eaux de la Gervanne ajoutées à la coloration des roches calcaires, sans compter la magnifique chute que fait la rivière au «Saut de la Druize» classent les gorges d'Omblèze parmi les plus belles de la région.

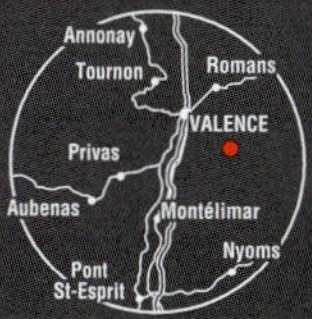

étant réservée à la pêche, vous aurez soin de ne pas déranger les pêcheurs. Plus loin, vous trouverez vous-même un endroit idéal pour le repos, la détente, ou les jeux d'eau dans les cascades. Explorez comme bon vous semble et remontez ensuite par le même chemin.

L'oppidum de la Gervanne

Le village de Plan de Baix, promontoire au-dessus du ravin de la Gervanne, est couronné d'une gigantesque barrière de rochers bien découpés, la montagne du Vellan. C'est là-haut que s'était installé le premier village. A l'extrémité sud, ont été retrouvés les vestiges d'un oppidum, avec des restes de fortifications et de murets, et les soubassements d'une chapelle dédiée à Sainte Agathe. Plus tard les Sarrasins ont laissé des traces de leur passage : des marches taillées dans le rocher donnent accès à une grotte qu'ils auraient eux-mêmes creusée dans la pente de la montagne. Au sommet du Vellan, une grande croix de fer haute de 11 mètres a été dressée en 1934 par les catholiques et les protestants de la vallée. Elle domine le village de Plan de Baix de plus de 800 m d'altitude et offre un panorama grandiose.

Les tufs

Aux abords des cascades de la Pissoire, on est frappé par l'aspect particulier de la roche. Celle-ci est formée par des concrétions calcaires déposées par l'eau autour des végétaux. Le calcaire dissous dans l'eau en milieu souterrain trouve à la sortie à l'air libre des conditions physico-chimiques favorisant le dépôt de ses excédents sur les mousses qui, avec le temps se pétrifient. Une fois durcies, les masses donnent une pierre légère, fragile et très facile à tailler qui l'a souvent fait choisir comme matériau de construction.

A gauche, le plateau du Vellan.
Ci-contre, escalade dans les gorges d'Omblèze,
Lozeron, l'église d'Ansage.

10 LA CRÊTE DE CREST
la crête des Roches, la tour, la vieille ville

A 28 km au sud-est de Valence, entre la Drôme du Nord et la Drôme provençale, une «balade-panorama» sur les sommets et vallées environnantes, qui vous fera découvrir aussi les trésors d'une cité médiévale.

fiche technique

Longueur : 6 km
Dénivelé : 230 m
Durée : 2 h 15
Difficulté : néant
Période : toutes saisons
Équipement : randonnée légère
Balisage : néant
Carte Michelin : n° 246 pli 6
Carte IGN : 3137 OT Die-Crest
A voir aux environs : le village perché de Vauvaneys-la-Rochette, son enceinte féodale à plusieurs tours et une porte fortifiée à la voûte en arc brisé. Le "Jardin aux oiseaux" d'Europe et des Tropiques, à Upie. La réserve naturelle des Ramières du Val de Drôme. Sur place, le musée de la Nature de Crest avec ses collections de minéraux, fossiles, insectes et papillons.

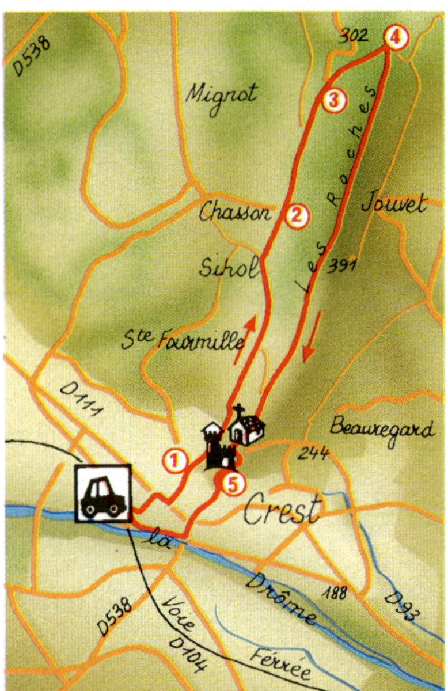

itinéraire d'accès

Vous quittez Valence par la D 111 en direction de Crest et rejoignez la D 93 ralliant Livron à Crest ; vous l'empruntez à gauche pour atteindre Crest et vous garez votre voiture au parking situé à l'entrée de la ville (tout près de la poste).

description

Par des ruelles et un long escalier, vous montez en direction de l'hôpital ① et continuez tout droit, en laissant l'hôpital sur votre droite et la Maison des Anciens sur votre gauche. Prenez votre élan pour grimper la route goudronnée en pente forte (20 %) sur deux courts tronçons. Longeant de belles propriétés, la route serpente de niveau et file nord-nord-est. Restant sur la petite route bitumée, vous négligez les chemins qui se présentent à droite ou à gauche et atteignez la campagne. Environ 2 km après l'hôpital, vous laissez la route bitumée descendre à gauche vers la belle ferme de Chasson pour continuer tout droit sur une route empierrée ②. Vous y parcourez environ 800 m avant d'obliquer à droite sur un chemin montant dans le bois ; la jonction se situe au niveau d'un virage ample sur la gauche et d'un gros pin maritime situé également sur votre gauche à l'endroit où la route pénètre dans le bois ③. Poursuivant la montée dans le

Le donjon

Appelé aussi la «tour», sa taille impressionne le visiteur. Pour monter au sommet il faut gravir pas moins de 184 marches. Édifié sur la crête qui domine la ville entre les XIe et XVe siècles, il est le seul à subsister d'un ensemble de 3 châteaux. Il se compose lui-même de 3 tours distinctes, la plus ancienne au nord, la Tour vieille, romane du XIIe avec ses deux pièces voûtées son éperon triangulaire et sa porte d'entrée à plus de 10 mètres du sol ; la tour de Croton (ou cachot) au sud et la Tour Neuve au sud-est avec ses quatre étages. A ces 3 tours, il faut ajouter le grand mur nord, un mur bouclier de plus de 52 m de haut et 4 m d'épaisseur à la base, qui fait du donjon de Crest, un des plus hauts donjons de France. Après la destruction en 1633 de la citadelle qu'il surmontait, il fut utilisé comme prison, enfermant au fil des siècles, des condamnés de droit commun, des protestants et des insurgés de Bonaparte, tous y ayant laissé d'émouvantes inscriptions. De la terrasse supérieure, on découvre un panorama superbe sur les toits de Crest et plus loin, sur les contreforts du Vercors, les Trois Becs, Roche Courbe et jusqu'aux sommets du Vivarais.

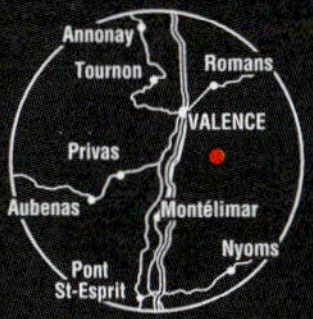

bois de chêne et de robinier, vous négligez à 300 m un chemin qui grimpe à droite. Environ 300 m plus loin, dans un virage accentué à gauche pour contourner la crête des Roches, il vous faut quitter le chemin pour grimper à droite un petit sentier en pente raide ④ qui atteint en quelques mètres un premier rocher. Ensuite l'itinéraire est très simple : il suffit de suivre le sentier rectiligne boisé de la longue crête des Roches sur 2 km, en prenant bien soin de négliger toutes les sentes qui s'ouvrent à gauche ou à droite pour bien rester en crête. Le sentier laisse en bas sur votre gauche, les maisons des Hautes Stérées et de Jouvet. D'abord de niveau, il commence à s'abaisser toujours en crête en vue de la tour. Tout au long de ce sentier un panorama exceptionnel s'offre à vous : plateau du Vercors, haut rempart du Glandasse, vallée de la Drôme enchâssée dans les montagnes, silhouette étrange des Trois Becs, falaises de Rochecolombe à l'entrée de la forêt de Saou, vallée du Rhône, plaine de Valence, monts du Vivarais et même par temps clair le Mézenc et le Gerbier de Jonc. En descendant vers la tour vous apercevez juste en-dessous de vous un réservoir d'eau portant un relais de télécommunications. Le sentier coupe la piste qui y mène et descend à droite pour contourner une grosse masse rocheuse de couleur noire. Vous arrivez à la chapelle d'où vous pouvez monter au calvaire pour voir la Tour vieille et vous rendre compte de la puissance du mur-bouclier. Un sentier mène à l'impressionnant donjon ⑤ haut de 52 m qui se visite. En redescendant vous aurez envie de flâner dans les ruelles pittoresques de la vieille ville dont les poternes, escaliers, jardinets, vieilles maisons aux toits pittoresques constituent un magnifique décor.

La vieille ville. Montée vers le donjon.

La loutre.

Le val de Drôme, un paradis pour les oiseaux

La large plaine alluviale des Ramières a été classée «réserve naturelle» en 1987 grâce aux efforts de l'association pour la protection de la nature de la Drôme. Composée de bancs de graviers parsemés d'îles et bordés de forêts (aulnes, saules, peupliers, frênes), elle s'étend sur plus de 8 km et près de 400 hectares, dans une zone située entre Crest et Livron. La réserve naturelle des Ramières protège une faune très riche, avec de nombreux mammifères, dont la loutre et le castor qui construit des barrages avec les saules qui poussent en bordure du fleuve. Elle est un refuge pour plus de 170 espèces d'oiseaux qui nichent ou font étape pendant leur migration, hérons bihoreaux et cendrés, faucons, aigrettes garzettes, goélands, martins-pêcheurs, cormorans, busards cendrés. Il faut ajouter la présence de nombreuses espèces de reptiles et de poissons. Le classement de la plaine des Ramières en réserve naturelle permet de sensibiliser les promeneurs à la richesse de la vie sauvage et défend le site contre d'éventuels projets d'aménagement. Allex accueille une «maison de la réserve» qui informe et propose des itinéraires de découverte.

Pour tous renseignements, tél. 75 60 32 97 ou 75 25 11 38

De gauche à droite : le cormoran hupé, l'aigrette garzette, le martin-pêcheur et le grand héron cendré.

Le dernier ours du Vercors

Sauvagement persécuté à la fin du siècle dernier parce qu'il était considéré comme un animal malfaisant, il finit par disparaître complètement des massifs, il y a à peine 60 ans. Les plateaux escarpés du Vercors avec leurs immenses forêts offraient pourtant un cadre idéal à cet animal forestier amateur de tranquillité et de grands espaces. Il utilisait les grottes pour hiberner et trouvait une nourriture abondante et variée de végétaux, racines, herbes, fruits, glands, baies, de miel et de gibier comme certains rongeurs et parfois même des moutons quand il attaquait les troupeaux. Avec l'ours, c'est un peu l'âme de la forêt, le symbole de la grande nature sauvage qui a disparu. Faudra-t-il, comme certains le préconisent, réintroduire l'ours brun dans le Vercors ?

A l'époque, les montreurs d'ours en provenance pour la plupart de l'Ariège, sillonnaient la France de foires en foires.
Balade suivante : la montagne du Glandasse.

B.P.

B.P.

B.P.

LA MONTAGNE DU GLANDASSE
l'abbaye de Valcroissant, le dôme de Pié-Ferré

A 63 km au sud-est de Valence, une balade inoubliable sur la formidable muraille du Glandasse au pied de laquelle se blottit la petite abbaye cistercienne, joyau de l'art roman.

fiche technique

Dénivelé : 900 m
Durée : 5 h 30
Difficulté : longueur, dénivelé
Période : demi-saison, été ; éviter absolument mauvais temps ou brouillard
Équipement : randonnée classique
Point d'eau : fontaine de Juillet (dans la montée)
Balisage : Ours du Glandasse ODG n° 17
Carte Michelin : n° 246 pli 6
Carte IGN : 3237 OT
A voir aux environs : le cirque d'Archiane, un site "classé" depuis 1954 en raison de sa richesse paysagère, faunistique et floristique.

itinéraire d'accès

De Valence, vous rejoignez Crest par la route D 111, puis gagnez Die par la D 93 (direction Gap). Vous conservez la direction Gap pour traverser la ville, et quelques km plus loin vous engagez à gauche sur une petite route signalée par un panneau «Abbaye de Valcroissant». Soyez prudent sur cette route étroite aux virages sinueux qui passe au pas de la Roche (école d'escalade) avant d'atteindre l'abbaye ; vous garez votre voiture sur le parking aménagé.

description

Au pied de l'écrasante muraille de la montagne du Glandasse, vous découvrez l'abbaye blottie sous des arbres géants. Un site étonnamment sauvage et grandiose ! Vous allez maintenant l'explorer en vous dirigeant vers les hautes falaises. Des pancartes d'information installées par le Parc vous renseignent sur la géographie du massif. Vous empruntez le sentier balisé ODG (Ours du Glandasse n° 17) qui longe le torrent et, après le passage d'une clôture, s'élève dans les buis, offrant des perspectives étonnantes sur les gigantesques falaises. A travers un bois de pins, puis de chênes blancs et de hêtres,

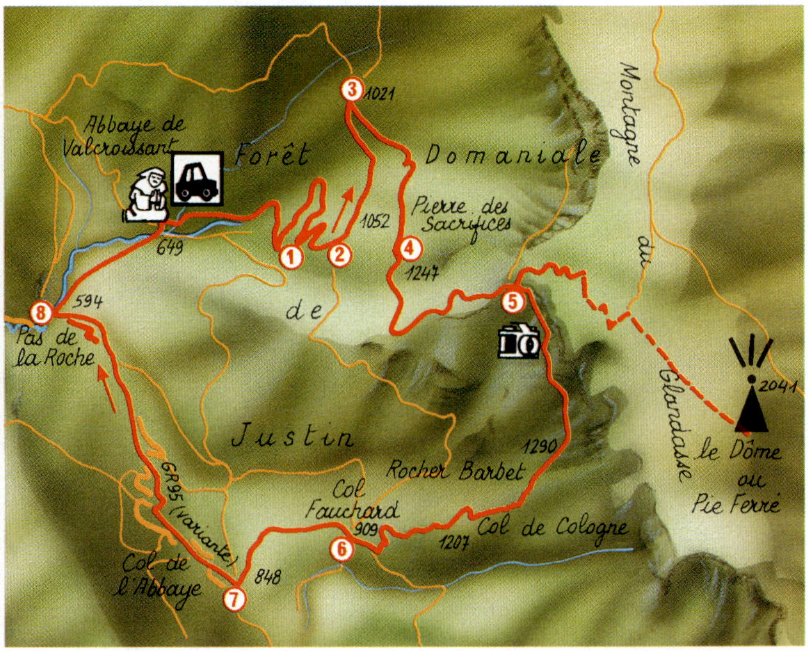

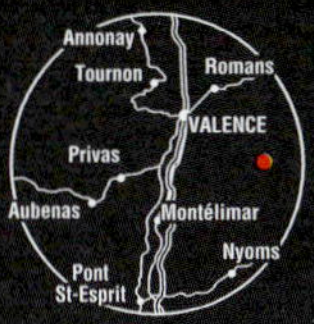

L'abbaye de Valcroissant

En 1188, un groupe de moines cisterciens venant de Die et marchant en direction du Vercors, s'arrête dans un vallon frais, au pied de la muraille du Glandasse qui barre l'horizon. L'endroit est isolé au milieu de terres cultivables et de forêts, l'eau du torrent abondante. Séduits par la beauté de ce site sauvage à l'écart du monde, les moines décident de s'y installer. Ils fondent l'abbaye et avec les pierres taillées dans les falaises, entreprennent la construction des bâtiments à l'architecture essentiellement romane (avec quelques éléments gothiques, comme les ogives de la salle capitulaire). L'église se trouve au nord et le réfectoire éclairé par une large rose à son fronton, au sud. L'abbaye ne connut pas le même rayonnement que celle voisine de Léoncel, fondée quelques dizaines d'années plus tôt et les moines y vécurent dans une grande pauvreté, vivant difficilement des produits de la terre. Menacée pendant la guerre de Cent ans, pillée au XVe siécle, abandonnée par les moines et saccagée pendant les guerres de religion, l'abbaye fut vendue à Marcel Légaut en 1791 et transformée en exploitation agricole. Ses descendants ont aménagé dans le chœur de l'église, un gîte d'accueil avec dortoir pour les randonneurs. Souhaitons que le classement de l'abbaye par les Monuments historiques accélère les travaux de restauration de ce joyau de l'art roman.

enfin de jeunes sapins, la montée régulière ménage, au hasard des lacets, de très belles vues plongeantes sur l'abbaye et les anciennes terres des moines cisterciens. Une première fourche ① invite à laisser une voie partir à droite vers le Pas de la Roche et la cabane Josseaume et à continuer à gauche le sentier n° 17. Poursuivant son ascension dans le bois dense et frais, le sentier est rejoint sur la droite par l'itinéraire du balcon du Glandasse (bleu-jaune-bleu) venant du col Fauchard par les ra-

A gauche, montée au Glandasse.
Ci-contre, le réfectoire de l'abbaye.

vins du Paradis ②. Vous restez à gauche pour atteindre un carrefour de 4 sentiers, où vous allez prendre à droite ③ la direction du dôme de Pié Ferré (n° 17) indiqué à 3 heures de marche ! 10 minutes encore et la fontaine de Juillet vous offre son eau rafraîchissante et bienfaisante. Le sentier monte en pente un peu plus raide à travers le bois de sapins, passe auprès d'un ancien abri et atteint un belvédère (balustrade), d'où vous laissez vos yeux se régaler ! Des pancartes signalent la présence d'anciennes carrières exploitées pour l'extraction de pierres de construction destinées à l'abbaye et la fabrication de meules de moulins. Le sentier atteint la pierre des Sacrifices (1185 m), un lieu riche de légendes où un rocher de 3 m de hauteur a été creusé par l'homme en arrondi ④. Au voisinage plusieurs meules partiellement enfouies témoignent des efforts qu'il a fallu déployer pour extraire ces pierres meulières de la montagne.

Vous parvenez à une petite falaise criblée de grottes et présentant une «fenêtre» festonnée dans le calcaire : ce lieu boisé appelé pré de l'Ours, abritait jadis de nombreux plantigrades. Poursuivant son ascension, l'itinéraire atteint un escarpement offrant sur les falaises une vue magnifique. Vous grimpez encore et la forêt s'éclaircit : les pins à crochet ont remplacé les hêtres et les sapins. A 1520 m, vous atteignez le carrefour de deux chemins ⑤. Vous revenez par le col Fauchard (sauf si vous êtes tenté par un détour par le sommet).

Détour par le sommet : 3h AR supplémentaires depuis ce carrefour

(à n'entreprendre que par très beau temps)

Si vous êtes en forme, vous pouvez envisager la montée au sommet du Glandasse, appelé encore dôme de Pié Ferré, (1 h 45 de montée). Pour ce faire, vous suivez le sentier numéroté 17 qui, par une pente un peu raide, vous amène à travers le bois de pins de La Palle jusqu'à la cabane en ruine de Malcollet (altitude : 1850 m, panneau du Parc, cairn). Vous prenez à droite derrière la ruine pour atteindre à vue en 25 minutes, le dôme de Pié Ferré marqué par un cairn (altitude : 2040 m). Séquence émotion : de ce belvédère, superbe panorama sur le Vercors, le Massif Central, les Préalpes du Sud et à l'est sur la chaîne des Grandes Alpes. Vous redescendez au carrefour par le même chemin en 40 minutes. De là, vous avez le choix entre la descente directe sur l'abbaye de Valcroissant par le chemin de montée en 2 h 10 environ ou le retour par le col Fauchard.

Pour cela, vous choisissez le sentier de droite qui se dirige vers Laval d'Aix et la Serre de Cologne. Après une courte descente dans des murs de poudingue rouge, il progresse de niveau sur une vire étroite au pied de l'impressionnante falaise aux formes extraor-

Les étages de végétation et leurs habitants

L'ascension du Glandasse permet d'observer les rapports entre l'altitude (et aussi l'exposition) et la végétation rencontrée. En allant de bas en haut, on trouve tout d'abord l'étage collinéen occupé par le chêne blanc et le pin sylvestre jusqu'à 1000 m environ. Suivent ensuite le hêtre et le sapin pectiné à l'étage montagnard. Enfin l'étage subalpin est occupé par le pin à crochet qui laisse ensuite place aux pelouses d'altitude. Si les ours ont disparu de ces milieux, vous aurez peut-être la chance de découvrir le bec-croisé : un petit oiseau au plumage coloré qui apprécie fort les pignes des cônes de pins ! Le grand tétras, plus farouche, est lui, plus difficile à apercevoir. Tout en haut sur le plateau, le pelage hivernal du lièvre variable se confond avec la neige, et même en été, ce sympathique animal, cher à La Fontaine, ne se laissera guère découvrir. Au fait savez-vous ce que signifie Glandasse ? Selon les racines celtes, glan désigne la montagne et asse veut dire massive.

dinaires et aux cavités étonnantes. C'est vraiment l'un des clous de la balade : admirez et prenez garde aux enfants sur cette partie de l'itinéraire. Le sentier repasse dans une forêt au faciès plus sec qu'à la montée : chêne blanc, pin sylvestre, buis. La descente devient un peu plus accusée et une végétation plus méridionale apparaît, lavande sauvage et thym. Vous atteignez le col Fauchard (909 m) ⑥ et laissez à droite le sentier (balisé bleu-jaune-bleu) qui rejoint l'itinéraire de montée par les ravins du Paradis, pour descendre à gauche vers le col de l'Abbaye ⑦ où vous rejoignez la piste forestière qui monte de Valcroissant. Vous empruntez cette piste à droite, en négligeant le sentier de Laval d'Aix à gauche. Des raccourcis qui coupent les virages permettent d'atteindre rapidement le Pas de la Roche ⑧, où vous rencontrez un chemin goudronné à prendre à droite. Il passe devant les tombes des moines et ramène à l'abbaye de Valcroissant blottie sous les falaises rougies par le soleil couchant. Vous pouvez goûter un repos bien mérité sous les frais ombrages qui bordent la rivière et vous imprégner, malgré les dégradations, de la beauté sobre et harmonieuse du monastère édifié dans ce site grandiose.

La fête de la transhumance
(Balade suivante)

La traditionnelle date de la Saint Jean au mois de juin a été choisie en 1991 par des éleveurs et des organisations culturelles et agricoles de la région de Die, pour fêter l'arrivée des troupeaux en montagne. Cette première fête de la transhumance, rappelant la longue montée des troupeaux dans les alpages (qui se fait maintenant avec des moyens plus modernes), obtint un vif succès. Elle fut reconduite les autres années et fait maintenant partie des grandes rencontres de la région.

Falaises de poudingue du Glandasse. Abbaye de Valcroissant.

12 LA CROIX DE JUSTIN
Die, les Quarante Lacets, le pic de Beauvoisin, le belvédère

A 66 km au sud-est de Valence,
l'ascension de la montagne qui domine de 600 mètres la ville de Die,
belvédère sur les sommets du Vercors et du Glandasse.

fiche technique

Longueur : 8 km
Durée : 4 h
Dénivelé : 634 m
Difficulté : dénivelé
Période : demi-saison, été
Équipement : randonnée classique
Point d'eau : Die
Balisage : jaune, rouge et blanc
Carte Michelin : n° 246 pli 6
Carte IGN : 1/25000 Top 25 n°3137 est

itinéraire d'accès

Vous quittez Valence par la D 538, contournez Crest par l'ouest et par la D164 suivie de la D 93 vers l'est, gagnez la petite cité de Die dans son cadre montagneux. En y entrant, vous vous dirigez à droite vers le camping et la piscine municipale pour stationner à proximité.

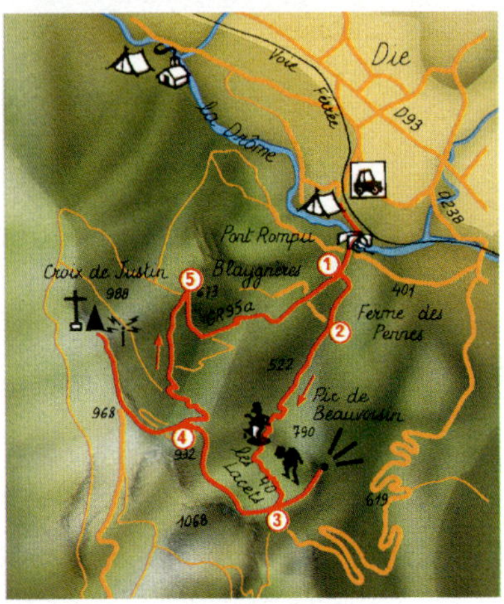

description

Vous dépassez la piscine et empruntez juste après à droite, la passerelle du pont Rompu qui enjambe la Drôme. Dans le lit de la rivière est couchée une pile du pont qui, dit-on était déjà écroulé au XIIIe siècle. Sur l'autre rive, vous gravissez les marches du sentier (balisé GR 90, triangles jaunes 2 et 16) qui coupe une boucle d'une petite route goudronnée. En rejoignant à nouveau la route ①, vous la remontez à gauche en direction de la ferme des Pennes et la quittez avant un petit pont franchissant le ruisseau, pour prendre tout droit un bon chemin de terre ② s'élèvant vers les sommets rocheux. Quelques champs clôturés se succèdent sur votre droite, tandis que la mélodie de la rivière, à gauche, rythme votre marche. La pente se fait plus raide dans les pins et les buis. Le grondement d'un torrent se rapproche. Les pierres deviennent glissantes car le sentier emprunte un moment le lit du torrent. Vous allez d'ailleurs le traverser à deux reprises. En vous hissant de cette façon, vous arrivez au pied du pic de Beauvoisin qui dresse ses hautes parois vers le ciel. Attention vous n'êtes pas encore arrivé au but. Il vous faut encore parcourir les 40 lacets qui mènent à proximité du sommet de Beauvoisin. Juste avant le rond-point de la route, un sentier ③ mène sur la gauche à la cime : petite escalade rocheuse facile facultative, pour atteindre le sommet, d'où la vue porte sur la cité de Die dominée par le plateau du Vercors et l'imposante montagne du Glandasse. Redescendu au rond-point, vous prenez à droite la piste forestière qui s'élève vers la croix de Justin, visible sur son sommet. Après un bon km, vous pouvez emprunter à gauche un sentier ④ qui coupe 2 boucles de la route et rejoint la crête au niveau du carrefour de la croix de Justin, tout près de la piste d'envol des deltaplanes. Voici le belvédère (951 m), avec l'imposante croix, à côté des tours de télécommunication. Une table d'orientation apprend à lire le paysage : le bassin de Die tapissé de vignobles et entouré de ses montagnes, les falaises du Vercors et du Glandasse, magnifiques au printemps, quand la neige recouvre les sommets.
La descente se fait, au début, par le même chemin. Il faut ensuite couper deux grandes boucles de la route forestière, avant de plonger à gauche dans la forêt de pins par un sentier balisé (triangle jaune n° 2). Il dessine quelques grands lacets, avant de s'engager tout droit vers le nord sur une pente parfois assez forte. A la cote 673, rejoignant l'itinéraire du GR ⑤, il bifurque à droite en épingle à cheveux et passe en balcon au-dessus du vallon. Après avoir surplombé les Blaygnères, il descend vers un chemin charretier que vous traversez, pour continuer tout droit au fond d'un ravin boisé. Vous débouchez sur la petite route empruntée au départ que vous coupez pour retrouver le sentier qui ramène au pont Rompu et à la jolie cité de Die.

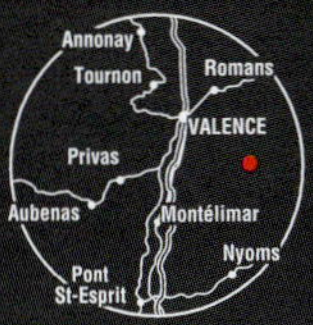

Une cité romaine

Située au cœur d'un cirque de montagnes, la petite ville a hérité d'un riche passé. A l'emplacement de la ville actuelle, étaient déjà érigés, à la fin du Ier siècle, des thermes, un amphithéâtre, des rues dallées, deux aqueducs. Car Die fut la capitale des Voconces avant d'être cité romaine au 2e siècle. Elle dut se défendre au IIIe siècle contre les invasions barbares en érigeant une enceinte de 1900 m de circuit et de 3 m d'épaisseur surmontée de trois tours, dont il reste quelques vestiges. Au Moyen Age avec la présence d'un évêque, la ville se couvrit d'édifices romans, comme la cathédrale actuelle. Des fouilles archéologiques rassemblent au musée municipal les principales pièces originaires de l'époque romaine (mosaïques, trophées) et médiévales (sculptures) retrouvées sur place, qui évoquent l'histoire illustre de cette cité.

Un vin qui pétille

Les vignobles qui occupent les coteaux de la moyenne vallée de la Drôme entre Aouste et Luc-en-Diois produisent cette spécialité locale très réputée appelée la «clairette de Die». La tradition de la vigne dans cette région est ancienne puisqu'elle remonte à l'époque romaine et que des textes évoquent au Moyen Age, le marché du vin. L'appellation Clairette de Die, plus récente, date du début du siècle. Il s'agit d'un vin mousseux produit à partir de deux cépages, la clairette et le muscat, selon deux procédés différents : la méthode champenoise qui donne la clairette brute, en ajoutant une liqueur de tirage au vin de base sec et en filtrant : la méthode traditionnelle qui produit une clairette «muscat» au goût plus fruité, pour l'apéritif ou le dessert, où le procédé de vinification original consiste à retarder la fermentation par la conservation au froid et le filtrage. A côté des producteurs indépendants, une cave coopérative a été créée en 1951.

A gauche, la Glandasse.
Ci-contre, Die, la croix de Justin survolée par un citron de Provence, l'un des premiers papillons de l'année. Le pic de Beauvoisin.

13 LES TROIS BECS
le Veyou (1589 m), le Signal (1559 m), la Roche Courbe (1545 m)

A 57 km au sud-est de Valence une balade aérienne sur les fameux sommets dominant la forêt de Saoû, à la rencontre des chamois.

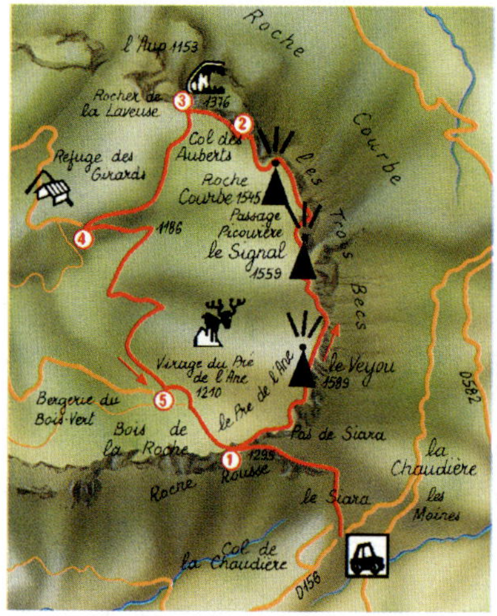

fiche technique

Dénivelé : 540 m
Durée : 5 h
Difficulté : longueur ; attention au rebord des falaises. Un court passage mérite de l'attention.
Période : été, demi-saison (uniquement par beau temps)
Équipement : randonnée de montagne, jumelles
Point d'eau : néant
Balisage : bleu, triangle jaune n° 43, trait jaune, rouge et blanc (GR)
Carte Michelin : n° 246 pli 7
Carte IGN 1/25000 : 3137 et 3138 ouest
A voir aux environs : le village médiéval de Saillans

itinéraire d'accès

Vous quittez Valence par la D 111 en direction de Crest et Die. Vous contournez Crest par l'ouest et par le sud et gagnez Saillans par la D 164. A Saillans, vous tournez à gauche sur la D 156 en direction de Bourdeaux et montez vers le col de la Chaudière (altitude 1047 m) en passant sous les escarpements des Trois Becs. Vous garez votre voiture sur un emplacement à gauche de la route, 200 m avant le col.

description

Vous traversez la route pour prendre en face, vers une table de pique-nique, un sentier qui s'élève en direction de la falaise. Son balisage bleu vous servira de guide jusqu'au Pas de Siarra. Montant en pente assez raide (courage !) le sentier longe la clôture d'une propriété située en contrebas et oblique à gauche avant de surplomber de vertigineuses barres rocheuses. Sur une croupe, de belles perspectives s'offrent à vous à l'est et à l'ouest. Poursuivant son ascension, le sentier aborde un passage délicat (pour les personnes sujettes au vertige) mais très court (quelques mètres). Soyez attentif ! Vous entrez ensuite dans un bois de hêtres où vous rencontrez l'itinéraire balisé avec un triangle jaune n° 43 venant de votre droite. Vous le suivez à gauche jusqu'au Pas de Siarra ① (1295 m), dominé à gauche par le sommet de Roche-Rousse. Sur la droite, vous gravissez le pré de l'Ane, en suivant un sentier balisé d'un double trait jaune. Au début la pente est assez forte, mais vous serez bientôt récompensé de votre effort. Des chamois affectionnent ces altitudes : vous pourrez les observer à la jumelle. En parvenant au sommet du Grand Veyou (1589 m), point culminant des Trois Becs, un panorama exceptionnel vous est offert sur les sommets environnants, le Vercors, la montagne du Glandasse, les cîmes du Dévoluy, les Préalpes du sud, le massif de l'Oisans et le mont Ventoux. Vers l'ouest, la forêt de Saoû toute proche apparaît semblable à une nef de navire, avec à son extrémité le rocher Blanc. Après une première halte bien méritée, vous vous dirigez maintenant vers le nord en direction du deuxième Bec : le Signal. Le sentier descend en longeant la falaise. Soyez attentifs près des à-pics et tenez la main des enfants. Vous atteignez un petit col, avant de gravir le sommet du Signal (1559 m) au dessus de la forêt de hêtres, d'où la vue porte sur le sommet du Veyou que vous venez de quitter. Au cours de la descente vers le passage de Picourère, de belles aiguilles rocheuses sur la droite, donnent au paysage un aspect très «haute montagne». Vous remontez ensuite vers le troisième et dernier Bec, Rochecourbe (1545 m). De ce sommet la vue porte sur l'enfilade des deux autres crêtes. Vous redescendez en vous dirigeant vers le nord-est, le long du rebord escarpé de la falaise. Après la traversée d'un bois de hêtres (balisage triangle jaune n° 43) vous atteignez le col des Auberts ②. Le sentier remonte vers le rocher de la Laveuse et rencontre l'itinéraire du GR 9 (balisé rouge et blanc) que vous empruntez à gauche ③. Il descend par un chemin escarpé dans une belle forêt de hêtres. Ces arbres ont fait la réputation de la forêt de Saoû. Il rejoint bientôt une route forestière empierrée montant de Saoû et passant au refuge des Girards situé un km en-dessous du point de jonction du chemin avec la route. Vous prenez à gauche cette route, presque de niveau ④. Après avoir contourné le ravin de la Vèbre et laissé à gauche le sommet de Roche Mottet, elle dessine un tournant en épingle appelé le Virage du pré de l'Ane. Dans ce virage, vous devez quitter la voie qui continue vers la bergerie du Bois-Vert et monter en oblique à gauche ⑤ une piste forestière que vous

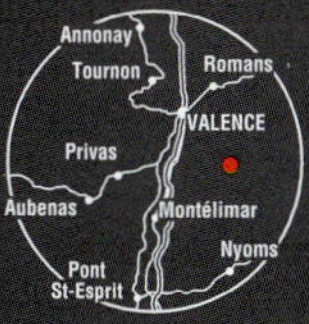

laissez rapidement pour vous diriger par un chemin, vers le Pas de Siarra au pied du Premier Bec. Vous progressez en direction du Veyou pour retrouver sur la droite, votre itinéraire de montée, balisé bleu, qui vous ramène par un sentier, à proximité du col de la Chaudière.

Les hôtes des Trois Becs

Tandis que les pentes herbeuses sont animées du chant du pipit spioncelle ou de l'alouette, les falaises attirent, outre le merle de roche au plumage multicolore, de nombreux rapaces, comme l'aigle royal, le circaète Jean le Blanc, la buse ou le faucon crécerelle. Elles sont également fréquentées par celui qui affectionne les pentes abruptes aux éboulis instables, le chamois, cet animal agile à la silhouette svelte et gracieuse, parfaitement adapté à la haute montagne. Couvert d'un pelage très sombre et fourni en hiver, il revêt une toison d'été plus claire, presque rousse. Méfiant vis-à-vis de l'homme qu'il perçoit à plus de 800 m et doté de sens très aiguisés, il détale avec une agilité et une rapidité extraordinaire. La nature l'a doté d'une membrane souple, la sole, qui s'accroche à son sabot, lui donnant une plus grande surface d'appui, et donc une parfaite aisance sur les terrains les plus escarpés ou enneigés. Le chamois aime le froid et craint beaucoup la chaleur, ce qui l'incite l'été à se coucher à l'ombre dans la journée. Vous avez toutes les chances de voir des chamois au Veyou si comme eux vous vous levez de bonne heure. Car ils pâturent en général très tôt le matin.

Le Grand Veyou. Les aiguilles de Picourêve.
Les Trois Becs. Jeune chamois.

14 LA FORET DE SAOÛ
le Maupas, Roche Colombe, Le pas de l'Échelette, les bords de la Vèbre

A 40 km au sud-est de Valence, la Forêt de Saoû ressemble à un immense vaisseau boisé encadré par des falaises à pic : un site géologique unique en France, appelé «synclinal perché». Un magnifique domaine à explorer pour une randonnée de la journée.

fiche technique

Longueur : 15 km
Dénivelé : 560 m
Durée : 5 h
Difficulté : dénivelé, longueur,
Période : toutes saisons
Équipement : randonnée classique
Point d'eau : Saoû
Balisage : triangle jaune n° 47 et 46
Carte Michelin : n° 246 pli 7
Carte IGN 1/25000 : n° 3137 ouest Saillans
A voir aux environs : le village de Soyans, son château et son église Saint Marcel, tous deux perchés sur une impressionnante falaise qui surplombe le Robion.

itinéraire d'accès

Vous quittez Valence par la D111 en direction de Crest et Die, contournez Crest par l'ouest et le sud et prenez la D 538 jusqu'à Saoû. Vous stationnez sur la place de l'église.

description

A proximité de l'église, vous trouvez le départ de l'itinéraire n° 47 qui s'oriente au nord vers le quartier des Travers et les falaises de Roche Colombe. Le large chemin s'élève à découvert au milieu des champs avant de pénétrer dans un bois de pins et de chênes pubescents. Arrivé à un petit replat, vous devez continuer votre ascension vers le Nord-Ouest

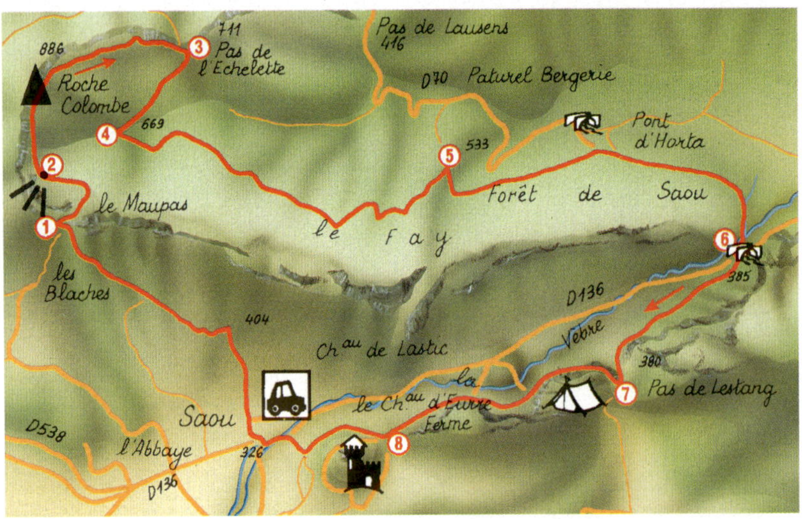

Porte de Soyans.

par un chemin plus sauvage qui se prolonge par un sentier. Il monte en pente régulière puis plus raide entre le rocher de la Pouponne à droite et la falaise de Roche Colombe à gauche, pour atteindre enfin au Maupas, le bord escarpé de la falaise ①. Après une légère descente en forêt, il s'oriente vers l'Ouest en vue des sommets. Vous gagnez une première crête au-dessus de l'à-pic ②, (tenez bien la main des enfants) puis les suivantes, jusqu'au point culminant de Roche Colombe à 886 m. Un banc gentiment réparé par les amis d'Aouste Sye en juin 93 vous accueille pour un instant de repos bien mérité. Merci à eux. Un arrêt s'impose en effet devant le panorama magnifique sur la vallée du

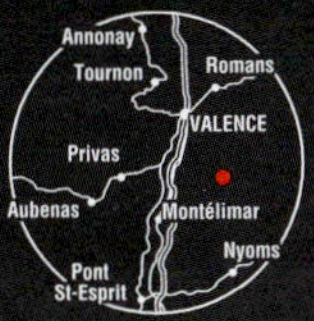

Rhône ; vous pouvez observer notamment le confluent du fleuve avec la Drôme au nord et avec le Roubion au sud. Vous poursuivez l'enfilade des crêtes et commencez à descendre dans la pelouse sommitale puis, en suivant toujours avec vigilance l'itinéraire n° 47, dans la forêt de hêtres, vers le pas de l'Echelette à l'est ③. Un fléchage rouge vous invite à bifurquer à droite pour descendre en forêt vers le ravin de Tourare : marche bien agréable dans les hêtres, les pins et les chênes. Le chemin rejoint une piste forestière. Vous la suivez à gauche ④ sur 2500 m environ, en découvrant devant vous le point de vue sur le massif des Aiguilles (793 m). Au moment où la voie oblique à gauche vers la bergerie Paturel, vous coupez à droite ⑤ par un sentier balisé en sous-bois, qui rejoint en un bon km la route départementale à proximité du pont Horta. Vous la suivez à droite jusqu'au défilé du Pertuis ⑥, impressionnant passage entre les hautes falaises où vous allez la quitter à gauche, pour traverser la rivière. A l'extrémité du pont sur la Vèbre, un sentier longe à droite les bords de l'eau, parcours paisible au pied des barres rocheuses. Quand il s'éloigne de la rivière, à un croisement de sentier ⑦, il faut éviter de partir à gauche vers le pas de l'Estang et suivre à droite l'itinéraire n° 46 qui passe à proximité d'un terrain de camping et rejoint un chemin goudronné. Arrivé au pied de la colline du château ⑧, vous la contournez par la droite pour revenir à Saoû par le vieux village (sauf si vous souhaitez faire le détour à gauche par le château).

Vue panoramique du château de Soyans.
Le château de Soyans.
La forêt de Saou.
L'église Saint-Marcel vue du château de Soyans.

La forêt de Saou

Un domaine exceptionnel

La forêt de Saoû, avec ses 2500 ha, dont 2000 ha boisés, est un des plus beaux domaines du Sud-Est, par sa richesse géologique, forestière, faunistique et même archéologique. Propriété privée ayant appartenu à la famille Napoléon, elle forme un ensemble très convoité. Pendant une quarantaine d'années à partir de 1925, de grandes variétés d'arbres y furent plantées, y compris des espèces exotiques, complétant judicieusement un patrimoine déjà très riche. Les plus importantes essences à l'heure actuelle sont le pin d'Autriche, le mélèze et surtout le chêne et la hêtraie sapinière qui est parmi les plus belles de la Drôme. La forêt abrite une faune riche, chevreuils, chamois, sangliers, blaireaux, renards...Et les falaises aux roches très diversifiées attirent une centaine d'espèce d'oiseaux nicheurs, l'aigle royal, le faucon pèlerin, le hibou Grand Duc, la chouette de Tengmalm, le circaète Jean le Blanc, le pipit rousseline etc. Un domaine d'une richesse exceptionnelle auquel s'ajoute sur le plan archéologique, la découverte d'un village de l'âge du bronze fouillé au Pas de Lestang tout proche.

Le picodon

C'est la spécialité du village de Saoû qui le produit depuis plusieurs siècles. A ce titre, il a «sa» fête en juillet à Saoû, la fête du picodon et «sa» route, la route du picodon qui mène d'un chevrier à l'autre. Ce fromage de chèvre gras à pâte molle ressemble à un palet circulaire recouvert d'une croûte blanche ou bleue. On le fabrique depuis le XIVe siècle selon une ancienne tradition qui s'est petit à petit modernisée : après la traite des chèvres, on versait le lait caillé dans des récipients en grès que l'on plaçait sous une fenêtre ou, l'hiver, sous la cheminée ; le lendemain on le transvasait dans des faisselles pour faire égoutter le petit-lait. Il restait à faire sécher les fromages séparés par des feuilles de vigne ou de choux, dans des paniers d'osier. Le picodon a reçu depuis 1983 un label d'appellation d'origine contrôlée qui le range parmi 26 autres fromages nationaux.

Vue du sommet de Roche Colombe. Chèvres dites "cabrettes".

15 LA MONTAGNE D'ANGELE

le col de Lescou, le rocher du Merlu, les pelouses sommitales, le rocher de l'Esqueyron

A 68 km au sud-est de Valence,
l'ascension du point culminant de la Drôme provençale (1606 m) :
un site grandiose et sauvage.

fiche technique

Dénivelé : 777 m
Durée : 4 h
Difficulté : pente forte, évitez le mauvais temps
Période : demi-saisons, été
Équipement : randonnée classique
Point d'eau : sans
Balisage : marques rouges irrégulières
Carte Michelin : n° 246 pli 8
Carte IGN : 3138 est La Motte-Chalançon
A voir aux environs : Saint-Nazaire-le-Désert, ses ruelles anciennes, son château du XVIe et sa chapelle Saint-Joseph. Les grottes préhistoriques du Reychas et du Trou Arnaud.

itinéraire d'accès

Vous gagnez Crest par la D 111, où vous empruntez la D 538 vers Bourdeaux. De là, allez à Crupies et Bouvières par la D 70 ; dans Bouvières, tournez à gauche sur la D 335 en direction de La Motte-Chalançon. Après 4 km de montée, vous atteignez le col de Lescou (altitude 819 m) où vous garez votre voiture.

description

Vous empruntez le large chemin, visible depuis la route qui s'élève vers le sud. Il s'élève en pente assez forte à travers une végétation de genêt, coronille et pin sylvestre, en ménageant de belles vues vers le sud sur la montagne de Couspeau (altitude 1544 m). Le chemin progresse sur le versant ouest, bordé par des alisiers blancs, avant d'atteindre une bifurcation ①. Vous continuez la montée sur la gauche ; au nord la

Une montagne à deux visages

Entre le Diois et Saint-Nazaire-le-Désert au nord, les Baronnies et l'Eygues au sud, la montagne d'Angèle barre l'horizon. Étirée en arc de cercle sur 8 km, elle atteint à son sommet, la cîme du Merlu, 1606 m. Cette belle «dame» a deux visages. Côté nord, elle se présente comme une barrière à-pic difficilement accessible et qui arrête les vents. Côté Baronnies, elle a des formes arrondies et des pentes herbeuses que la neige recouvre une grande partie de l'hiver et qui l'été sont occupés par des pâturages à moutons. Une montagne silencieuse et sauvage qui protège d'anciens villages aux trésors oubliés.

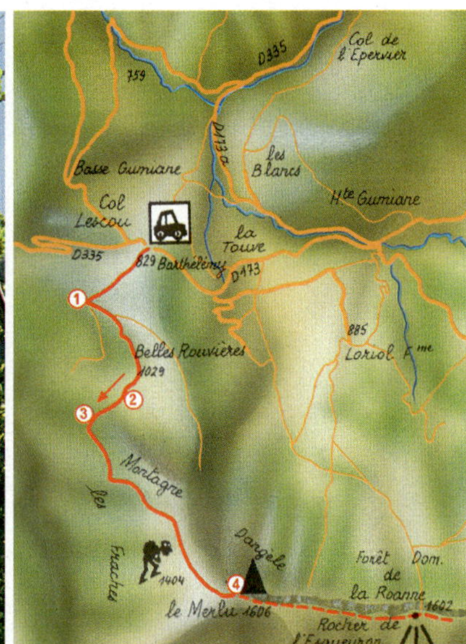

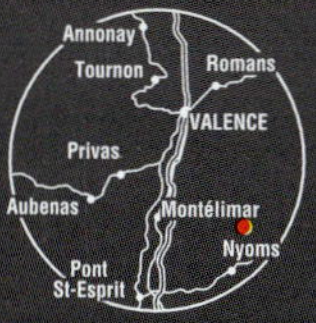

vue porte au loin vers les reliefs du Vercors et du Glandasse. Environ 30 minutes après votre départ, vous arrivez à une bergerie (altitude 1029 m). Vous passez devant le bâtiment et montez en oblique vers un bois de hêtres (marque rouge sur un rocher) ②, qu'un grand chemin traverse. A la sortie du bois, vous apercevez les pelouses de la Montagne d'Angèle. Le sentier grimpe au milieu des buis avant d'atteindre un bel alisier au niveau d'un petit talweg, qu'une marque rouge vous invite à traverser ③. Il s'oriente à gauche et la pente devient plus forte. Le sommet du Merlu se découvre et le sentier moins bien tracé s'élève dans les pelouses, parsemées au printemps de fleurs d'altitude (gentiane). Deux rochers surmontés d'un piquet vous indiquent la voie. Vous progressez ensuite à vue vers la crête où un alignement de pierres (balises jaunes n° 71) vous guide jusqu'au signal du mont Merlu (altitude 1606 m) ④ point culminant de la barre de l'Esqueyron. Un panorama circulaire vous attend : montagne de Couspeau, Vercors, sommets du Dévoluy couronnés de neige au printemps et tout près plongeon à-pic sur le désert de Gumiane : des vues immenses sur cette partie sauvage et attirante de la Drôme.

Variante du mont Merlu au rocher de l'Esqueyron : 40 minutes en plus AR

Une excellente façon de prolonger la durée de ce spectacle consiste à parcourir vers l'est le rebord du plateau jusqu'au rocher de l'Esqueyron. (Attention au rebord de la falaise par temps de brouillard). Un balisage jaune qui suit la crête passe à la Grande Brèche puis à la Petite Brèche, pour enfin s'abaisser à l'extrémité de la falaise. Cet itinéraire permet d'embrasser du regard l'immensité des pelouses sommitales.

Vous redescendez par le même itinéraire pour retrouver votre voiture au col de Lescou.

*A gauche, la montagne de Couspeau vue de la montagne d'Angèle.
Ci-contre, les pelouses du sommet. La crête de l'Esqueyron.
Le sommet de la montagne d'Angèle.*

16 AUTOUR DE MIRMANDE
un village médiéval perché, entouré de vergers et de forêts

A 26 km au sud de Valence, une balade-découverte autour d'un vieux bourg fortifié très prisé des artistes.

fiche technique

Longueur : 7 km
Dénivelé : 180 m
Durée : 2 h 30
Difficulté : néant
Période : toutes saisons mais le printemps à la floraison des vergers est recommandé.
Équipement : randonnée légère
Balisage : vert
Carte Michelin : n° 246 plis 20-21
Carte IGN : 3037 ouest La Voulte-sur-Rhône
A voir aux environs : Le village de Marsanne, sa forêt, le sanctuaire Notre-Dame de Fresneau et sa fontaine vauclusienne (miraculeuse ?). Cliousclat, village de potiers.

itinéraire d'accès

Vous quittez Valence vers le sud par la N 7 et 3 km après Loriol-sur-Drôme, prenez à gauche la petite route D 57 en direction de Cliousclat et Mirmande. Vous vous garez à l'entrée de Mirmande sur le parking du champ de foire, derrière l'église nouvelle.

description

Vous prenez à pied la route des Reys-de-Saulce et bifurquez 200 m plus loin à gauche pour monter vers le stade ①. Le bourg fortifié se découvre à vos yeux. La lumière du couchant met particulièrement en valeur les chaudes couleurs des murs et des toits. Vous laissez le stade sur votre droite et quittez la route par le premier chemin non revêtu qui se présente à droite au niveau d'un bon virage à gauche ②. Vous dirigeant vers la ferme des Granges, vous apercevez bientôt le balisage vert qui va vous conduire le long de cet itinéraire. Votre chemin surplombe le stade et laisse une belle maison sur la gauche. Après une descente en pente légère dans le vallon, suivie d'une remontée de l'autre côté, il atteint une voie goudronnée que vous traversez pour vous diriger vers les Granges. Arrivé au niveau de deux maisons, vous tournez à gauche, à angle doit ③ sur un chemin de terre qui franchit un vallon pour arriver à Peyrus. Au départ de la ferme, une voie revêtue se dirige au sud vers Platet, offrant sur son parcours de belles échappées sur les monts du Vivarais, les tours de la centrale nucléaire de Cruas,

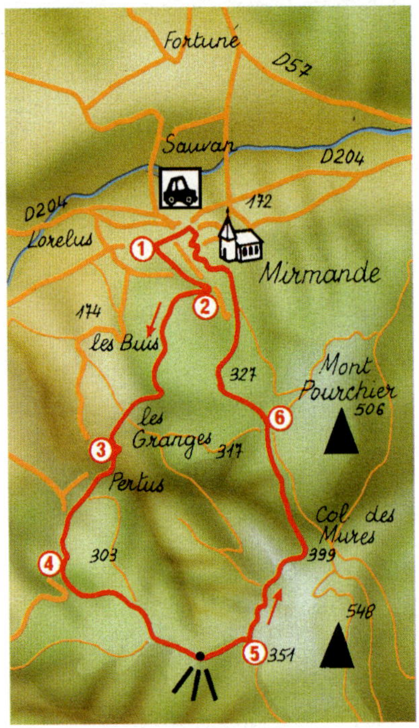

André Lhote découvre Mirmande

Peintre cubiste ayant à l'époque son Académie à Paris, André Lhote découvre par hasard en 1930, lors d'un trajet vers le Sud, Mirmande, un village fortifié surmonté d'une église du XIIe et dont les maisons s'étagent sur les pentes d'une colline. Séduit par ce site qui lui paraît oublié, il s'y installe et y attire nombre de ses amis artistes qu'il invite l'été à son Académie «aux champs», y compris des peintres de la Drôme, Pierre Palué, Guy Marandet, Marcelle Rivier qui s'était comme lui installée sur place. Sous son impulsion le village a été remarquablement restauré. On y remarque notamment l'église Sainte-Foy de style roman avec des influences gothiques et l'ancienne maison du peintre devenue restaurant. Malgré la mort d'André Lhote en 1962, Mirmande continue à être le symbole de la vie artistique du département de la Drôme.

le Tricastin et le long ruban du Rhône. Vous l'empruntez sur 500 m, avant de bifurquer à gauche sur une piste forestière ④ qui s'élève dans un bois de chênes blancs et de pins sylvestres. Vous serrez toujours à gauche sur l'itinéraire balisé vert qui passe sous une ligne à haute tension avant de s'infléchir au sud-est. Par une petite ligne de crête, le chemin rejoint un carrefour ⑤ dominé par un bois de pin sylvestres qui tapisse les pentes de la crête de Miallet. Vous tournez à gauche et repassez sous la ligne à haute tension. Le chemin amorce une descente, puis est rejoint sur sa droite par une piste venant du col des Mûres. Vous bifurquez encore à gauche ⑥ et continuez la descente longeant à droite un beau peuplement de pins noirs. Au carrefour suivant, vous quittez le chemin de gauche balisé jaune et vert et restez sur la voie de droite pour descendre vers l'ancienne église Sainte-Foy et le haut du village, à travers une magnifique forêt de pins noirs. L'église Sainte-Foy du XIIe siècle a été restaurée et aménagée pour l'accueil d'expositions ; c'est

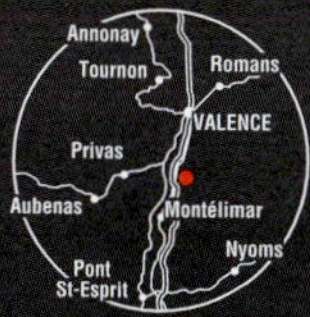

Le pin noir

La belle forêt de pins noirs d'Autriche qui domine Mirmande est l'occasion de présenter une essence qui a été largement utilisée en reboisement par les forestiers à la fin du siècle dernier et au cours de ce siècle à la fois dans le Massif Central (Lozère notamment) et dans les Alpes sèches (Drôme, Vaucluse, Hautes-Alpes et Alpes de Haute-Provence). Il y occupe aujourd'hui 90 000 hectares. Le Service de la Restauration des Terrains en Montagne institué en 1860 avait comme objectifs la protection contre l'érosion des zones montagneuses et contre les inondations des vallées ou plaines situées en aval. Le reboisement de vastes surfaces déforestées antérieurement sous l'effet de l'homme et du surpâturage, fut entrepris avec tout le dynamisme mis par nos prédécesseurs du siècle dernier dans la réalisation de leurs grands chantiers. Des forestiers intuitifs, ou plutôt écologues avertis, firent appel au pin noir d'Autriche pour reboiser des terres ingrates, souvent calcaires ou marneuses. Cette espèce, inconnue en France, originaire des Alpes autrichiennes, de l'Italie centrale et de l'ex-Yougoslavie fut introduite dans cette partie de la France. Le choix se révéla très judicieux ; cette espèce très frugale se montre bien adaptée au froid et à la sécheresse de l'air et du sol. Elle fait partie aujourd'hui des paysages de cette région.

Le village médiéval de Mirmande.
Forêt de pins noirs. L'église Sainte-Foix.

le point de départ d'agréables flâneries dans les ruelles étagées qui vous réservent d'agréables surprises d'architecture. Par des poternes et des escaliers, vous traversez le bourg fortifié et descendez jusqu'au rempart nord. La place du champ de Foire est tout près. Vous retrouvez votre voiture près de la nouvelle église.

Des villages de potiers

Cet artisanat qui remonte à la Préhistoire a trouvé à se développer de façon étonnante en Drôme provençale, notamment à Dieulefit, Poët-Laval et Cliousclat, petit village de potiers tout proche du Rhône qui expédiait ses marchandises par le fleuve. Martine Sadion parle de cette activité au XIXe siècle : *«L'industrie de la terre exploite elle aussi une ressource naturelle, l'argile. Depuis toujours la «terraille» sert de contenant dans tous les actes de la vie, manger, conserver, transporter... En 1858, la Drôme compte 143 poteries et 141 fabriques de tuiles et briques... A Cliousclat, vers Loriol, chaque famille possède un tour où l'on travaille après les activités agricoles : la production est vendue engobée à un patron de four qui la cuit et la commercialise... En se regroupant, les potiers ont pu prolonger leur activité face à la concurrence».*

Martine Sadion *«La Drôme autrefois»* aux éditions Horvath

17 LES CORNICHES DU POËT-LAVAL
le vieux village, le trou du Furet, la montagne du Poët

A 60 km au sud-est de Valence, au départ d'un des plus beaux villages médiévaux de la Drôme, une balade superbe en direction des crêtes où se cache une immense fenêtre ouverte dans la falaise.

fiche technique

Longueur : 7 km
Dénivelé : 430 m
Durée : 3 h 30
Difficulté : falaises en à-pic sur les crêtes ; une montée raide
Période : toute l'année
Équipement : randonnée classique
Balisage : triangles jaunes n° 4
Carte Michelin : n° 246 plis 7-8
Carte IGN 1/25000 n° 3038 est
A voir aux environs : Dieulefit, son quartier de la Viale, sa tour de l'horloge et ses remparts ; un centre qui accueillit de nombreux intellectuels pendant la seconde guerre mondiale et qui est renommé pour ses potiers. La Bégude-de-Mazenc, ancienne place forte des Templiers. Eyzahut, village pittoresque situé au pied de la montagne du Poët, centre d'artisanat. Montboucher-sur-Jabron et son musée de la soie.

itinéraire d'accès

Vous allez jusqu'à Montélimar où vous prenez vers l'est la D 540 direction Dieulefit. 9 km après la Bégude-de-Mazenc, à l'entrée de Poët-Gougne, vous montez à gauche vers le vieux village de Poët-Laval et stationnez tout en haut à côté du cimetière (P).

description

Un large chemin (balisage n° 4) quitte le vieux village à gauche du cimetière et s'élève dans les chênes blancs. Après 100 m, il faut choisir à gauche ① le sentier qui progresse entre des murets et s'élève au milieu d'anciennes terrasses de culture puis en sous-bois de chênes, châtaigniers, pins sylvestres. Il s'oriente ensuite nettement vers l'ouest, progressant en balcon au-dessus de la vallée du Jabron, puis contournant la Serre de Font Estreche (769 m). Après une bonne heure de marche, la silhouette du Châtelard apparaît, montagne pointue caractéristique. Vous descendez dans les buis et les hêtres vers le fond du vallon où coule la fontaine d'Estrèche ②. Arrivé au niveau de la source, vous bifurquez à droite et remontez le long du talweg en passant sous la ligne électrique. La montée devient un peu plus difficile sur les derniers mètres. En approchant des falaises, vous découvrez l'immense fenêtre ouverte dans la roche, appelée trou du Furet. De cet orifice géant qu'il est possible d'approcher, on a de belles perspectives sur le village d'Eyzahut au nord. Vous remontez ensuite à droite du trou, par un sentier bordé de buis qui atteint le bord de la falaise ③ : la vue est immense sur l'enfilade des crêtes, et les sommets environnants dominant la vallée du Roubion. Soyez vigilant aux bords des à-

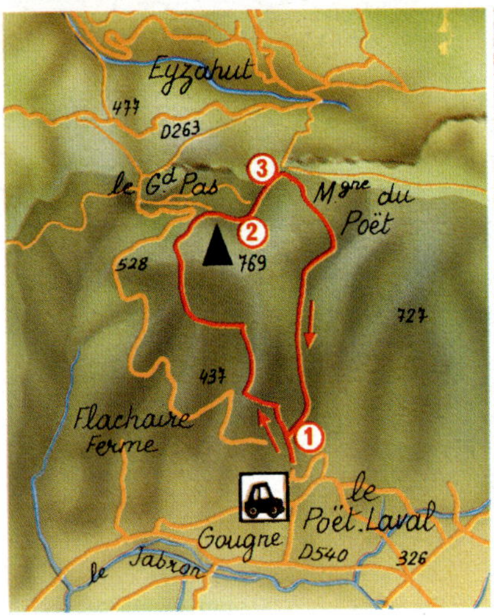

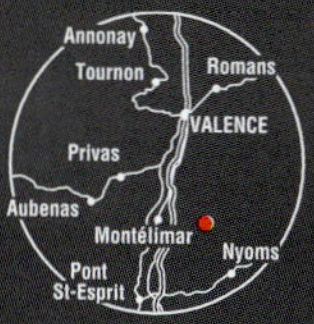

pics et tenez la main des enfants. Vous continuez à monter sur la pelouse sommitale à buis et longez à droite la lisière du bois. En suivant toujours le balisage n° 4, vous passez sous la ligne électrique, et traversez un taillis de chênes blancs, avant de rencontrer un large chemin qui descend à droite. Il passe à proximité de plusieurs abreuvoirs et s'abaisse jusqu'à un carrefour de sentiers où une pancarte rouge et blanche indique la direction de la plaine de Serre Gros et du Pas du Furet. De cet endroit dégagé, vue, au loin, sur les Trois Becs. Vous descendez à droite à flanc de colline vers la vallée du Jabron et apercevez bientôt la Commanderie de Poët-Laval. Vous tournez à gauche au grand chemin ①, pour redescendre sur le vieux village.

Poët-Laval ou le «monticule de la vallée»

Le vieux village, installé, comme son nom l'indique, sur une hauteur, conserve dans sa partie haute, un ensemble moyenâgeux tout à fait remarquable, une ancienne commanderie de Saint Jean de Jérusalem, plus tard de l'Ordre de Malte. Il se compose de maisons du XVe siècle, de vestiges de remparts, d'un donjon du XIIe terminé par un pigeonnier et d'une chapelle qui n'a conservé que son clocher et son abside romane.

L'ancien temple du XVIe, le seul du Dauphiné à ne pas avoir été détruit pendant les guerres de religion, parce qu'il jouait aussi le rôle de maison commune au XVIIe, a été choisi en 1960 pour abriter le musée du Protestantisme dauphinois.

Musée du Protestantisme dauphinois ouvert tous les jours du 15 juin au 15 sept. et tous les dimanches à partir de Pâques de 15h30 à 18h30. Entrée gratuite. Tél. 75 46 81 23 et 75 46 32 95

A gauche, le trou du Furet. Ci-contre différents aspects de la montagne et du village de Poët-Laval.

18 LE VAL DES NYMPHES
la Garde-Adhémar, les cuves romaines, la chapelle romane

A 65 km au sud de Valence, un pittoresque village perché au-dessus de la vallée du Rhône, des vestiges romains et un vallon mystérieux dédié aux nymphes plantent le décor de cet itinéraire pour baladeur curieux.

fiche technique

Dénivelé : 90 m
Durée : 3 h
Difficulté : recherche des cuves romaines
Période : toute l'année
Équipement : randonnée légère
Balisage : traits jaunes, triangles jaunes N° 122 123
Carte Michelin : n° 246 pli 23
Carte IGN : 1/25000 n°3039 ouest
A voir aux environs : Grignan, bourg castral installé au pied du château rendu célèbre par Madame de Sévigné. L'abbaye Notre-Dame d'Aiguebelle du XIIe, actuellement occupée par des moines cisterciens et son église, seul bâtiment ouvert au public.

itinéraire d'accès

Vous quittez Valence par l'autoroute A 7 et sortez à Montélimar sud pour prendre la N 7 vers Pierrelate. Au second carrefour de route, vous la quittez à gauche direction Bollène (D 541 suivie de la D 158) et au niveau de La Garde-Adhémar, que vous apercevez au-dessus de la route, suivez la D 572 à gauche sur 1,5 km, jusqu'au village. Dirigez-vous vers les remparts nord pour vous garer.

description

Du portail nord, vous descendez des escaliers pour trouver en bas à gauche, le chemin balisé de traits jaunes qui contourne l'enceinte médiévale du village par le sud. En le suivant, vous rejoignez bientôt la petite route départementale, que vous empruntez à droite sur 150 m jusqu'au départ d'un escalier à droite suivi d'un sentier qui coupe une boucle de la route. Vous retrouvez la route que vous traversez pour trouver presque en face un chemin goudronné balisé jaune ①, qui laisse à droite la ferme Binet. Après le passage du ruisselet, le Rieu, vous tournez à gauche à une fourche et progressez au pied de la colline du Collet, le regard attiré par le village perché de La Garde-Adhémar. Après 350m, un sentier pierreux qui se présente sur votre droite ② vous invite à le suivre pour monter au Collet (174 m), sommet qui offre des vues sur Saint-Paul-Trois-Châteaux et les tours du complexe de Tricastin. Vous suivez le sentier à gauche sur 300 m et l'abandonnez quand il descend dans les bois, pour prendre à main droite celui qui monte vers une première cuve de pierre, puis une seconde, un peu plus loin vers l'est, à gauche sur la crête. Vestiges romains, ces cuves auraient servi de bassin de réception pour l'eau, de cuve à vin ou de cuve à sacrifices...? Laissant la ligne de crêtes sur votre droite, vous continuez votre marche vers le nord-est entre bois et clairière. A 300 m d'un ancien rucher, un très léger détour à droite permet de découvrir encore deux belles cuves. Retrouvant le sentier balisé vers l'est, vous le suivez jusqu'à un vallon frais et verdoyant, arrosé de petites cas-

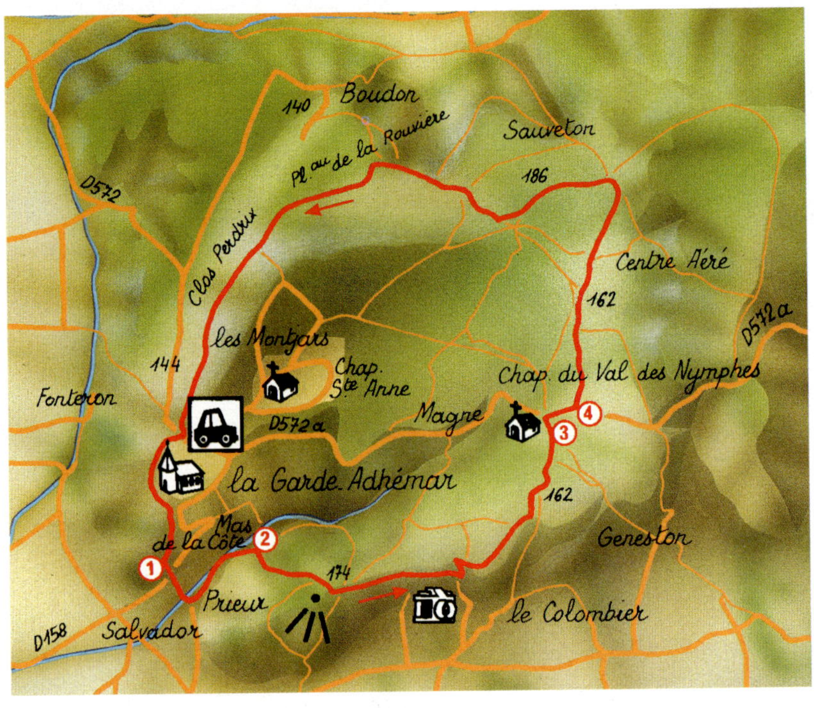

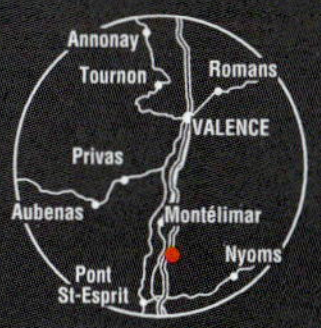

cades ③. Le val des Nymphes, ancien lieu de culte païen, abrite aux pieds de chênes centenaires, une chapelle romane du XIIe et un petit oratoire probablement plus ancien. Vous aimerez faire halte dans ce lieu mythique autant que mystique. En remontant vers la petite route qui surplombe le site, vous apercevez dans la combe du val de Magne voisine, la belle maison du domaine de Magne, ancienne filature de soie du XIXe siècle. Arrivé à la voie goudronnée, vous la prenez à droite sur 200 m et bifurquez à gauche vers le centre aéré ④. Traversant la plaine, le chemin dépasse le centre, contourne Romany et oblique à gauche vers les Rochettes sur le plateau de la Rouvière. Par temps clair, on distingue au nord-est, le château de Roussas, le village des Granges Gontardes et la petite chapelle de Monchamp. Il passe en balcon au-dessus de la vallée du Rhône, offrant des vues étendues sur Donzère au nord-ouest, les monts du Vivarais à l'ouest, Pierrelate et le canal du Rhône dans la vallée. Vous arrivez à La Garde-Adhémar par le portail nord où vous avez laissé votre véhicule.

Vous aimerez prendre le temps de flâner dans les ruelles voûtées du village, d'observer les enseignes pittoresques, les coquettes plaques de rue et les belles maisons restaurées, de visiter la chapelle romane Saint-Michel et ses jardins de plantes aromatiques bien ordonnés, la chapelle des Pénitents Blancs et les vestiges du château Renaissance.

Vignobles.
La Garde-Adhémar.
L'une des nombreuses enseignes pittoresques.
La chapelle romane Saint-Michel.

Le val des Nymphes

De nombreuses sources entretiennent la fraîcheur de ce vallon verdoyant et boisé qui abrite la chapelle du val des Nymphes. Sur un petit autel votif retrouvé à proximité et conservé à la chapelle Saint Michel de La Garde-Adhémar, on a deviné une inscription en l'honneur des nymphes ; ce qui a laissé supposer qu'un culte était ici rendu aux nymphes, déesses antiques des sources et de la fécondité. Ce lieu enchanteur fut donc associé très tôt à la présence de divinités et continua ensuite à être un lieu de culte.

La chapelle du val des Nymphes

On sait qu'un prieuré existait dans le vallon dès le XIe siècle, qui dépendait de la grande abbaye de Tournus. Construite au milieu du XIIe avec les matériaux de la région, pierres de Saint-Restitut et de La Garde-Adhémar notamment, la chapelle romane conserve une belle abside avec une voûte en cul-de-four agrémentée d'un double étage d'arcatures. Sa façade occidentale est formée d'une partie inférieure très dépouillée avec un porche bien décoré et une partie supérieure avec 3 arcatures aveugles. Habilement restaurée en 1991 par les Monuments Historiques du ministère de la Culture qui l'avaient "classée" un siècle auparavant, elle est considérée comme un des meilleurs témoins de l'art roman provençal.

Balade suivante : le village troglodytique du Barry.

19 LE PLATEAU DU BARRY

le village troglodytique, le château, le belvédère, les carrières de Saint-Just, Saint- Restitut

A 80 km au sud de Valence, des habitats rupestres, des châteaux en ruine, des chapelles perchées, un vieux village et son église romane, un belvédère sur le Rhône, sans oublier une cave réputée installée dans des carrières. La balade fait réellement le tour de toutes ces curiosités. Un circuit passionnant.

fiche technique

Longueur : 12 km
Dénivelé : 180 m
Durée : 5 h
Difficulté : aucune
Période : toutes saisons (éviter les trop fortes chaleurs de l'été)
Équipement : randonnée classique
Balisage : triangle jaune de l'itinéraire 79
Carte Michelin : n° 246 pli 23
Carte IGN : 1/25000 n°3039 ouest
A voir aux environs : Saint-Paul-Trois-Châteaux, sa cathédrale et la «maison de la truffe et du Tricastin». Suze-La-Rousse, son château féodal ouvert sur une cour à l'Italienne, qui abrite l'Université du Vin.

itinéraire d'accès

Vous quittez Valence par l'autoroute A 7 vers le sud et sortez à Bollène pour prendre vers le nord, la route de Saint-Paul-Trois-Châteaux sur 1500 m. Au niveau de Saint-Pierre, vous prenez à droite la petite route menant au site du Barry où vous vous garez.

description

Vous pénétrez dans l'ancien «Village du Barry» et découvrez les grottes aménagées, véritables maisons taillées dans le rocher, dispersées sur le flanc de la colline. Habitées depuis l'âge du fer et jusqu'à la dernière guerre, elles ont été témoins de toutes les étapes de notre civilisation. Après ce premier contact, vous montez vers les crêtes par un chemin empierré, balisé jaune. Il fait un détour intéressant par le château du Barry qui aurait peut-être été édifié à l'emplacement d'un oppidum ligure. Seuls quelques pans de mur coiffent la colline qui domine la vallée du Rhône : un site exceptionnel ! En suivant toujours les marques jaunes, vous contournez les ruines et redescendez vers le chemin qui s'élève vers la colline du Belvédère. Il débouche sur un site installé autour d'anciennes carrières d'extraction de la pierre de taille, aménagées en cave de vieillissement des vins. Les caves «cathédrales» du cellier des Dauphins offrent, paraît-il, des conditions hygrométriques idéales à la conservation du précieux liquide. On peut visiter leurs immenses galeries en petit train avec dégustation à l'appui (durée 40 minutes, droit d'entrée). Avis aux amateurs ! Vous sortez du site par le portail d'entrée (!) et passez devant le belvédère ①, rebord de l'escarpement qui offre une vue panoramique sur la vallée du Rhône, la plaine de Pierrelate, le défilé de Donzère, le complexe nucléaire de Tricastin. Vous

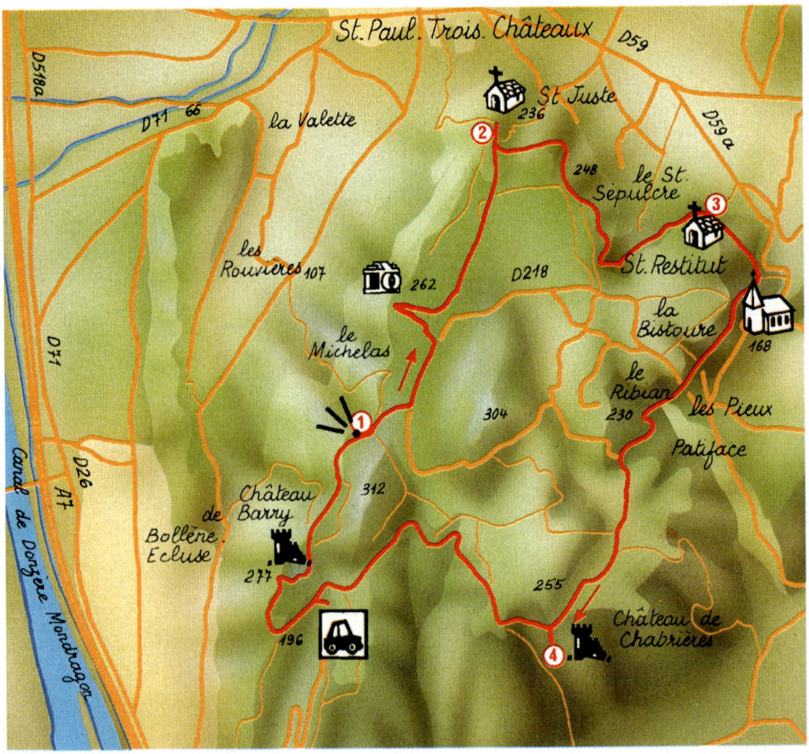

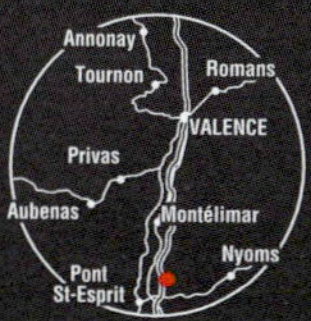

suivez la route sur 500 m, en négligeant un premier sentier balisé jaune à gauche, qui redescend sur Saint-Paul-Trois-Châteaux. Vous prenez le second à gauche qui se dirige en sous-bois vers les carrières de Saint-Just et passe au sommet d'un plan incliné utilisé au XIXe siècle pour descendre les blocs de pierre. Il débouche sur une immense carrière à ciel ouvert, dont les pierres de taille étaient autrefois acheminées par des voies ferrées qui ont creusé de profondes ornières. Vous reprenez vers l'est puis le nord, la direction de la chapelle Saint-Just ②. De ce petit bâtiment isolé perché sur un éperon, on a une très belle vue sur Saint-Paul-Trois-Châteaux et la vallée du Rhône. Tournant le dos à la chapelle, vous retrouvez à votre gauche, l'itinéraire 79 que vous allez suivre avec vigilance (pour ne pas le perdre), vers l'est, jusqu'à Saint-Restitut. Il suit les contours du plateau, parcours très agréable en balcon dans le sous-bois. Après une grande boucle, il débouche sur la jolie chapelle hexagonale du Saint Sépulcre perchée sur le rebord de l'escarpement ③. Elle aurait été édifiée dans son décor de pierres au début du XVIe siècle par l'évêque Guilhaume Adhémar, au retour d'un voyage en Terre Sainte. Vous continuez vers Saint-Restitut tout proche où vous prenez à l'entrée du village, une voie qui monte à droite jusqu'à la rencontre avec la route du belvédère. Vous la traversez et continuez de l'autre côté sur 1600 m. Dans une boucle du chemin, un sentier s'engage à gauche vers les ruines du château de Chabrières ④. De ce balcon, belle vue au sud sur les sommets proches, le Ventoux, les Dentelles de Montmirail. Vous revenez sur le sentier balisé que vous empruntez vers l'ouest dans la garrigue. Il atteint bientôt de grandes dalles de pierres. Les falaises du Barry sont proches. Un sentier escarpé descend à gauche vers le site troglodytique où vous pourrez compléter votre visite du village.

Le Rhône vu du château du Barry.
Le château du St Sépulcre.

Le village de Saint-Restitut et son clocher.

La légende de Saint-Restitut

La tradition voudrait que Saint-Restitut soit en fait l'aveugle-né appelé Sidoine dans l'évangile : après que le Christ lui ait «restitué» miraculeusement la vue, il aurait pris le nom de «Restitut». Toujours selon la légende, il aurait débarqué aux Saintes-Maries-de-la-Mer avec les saintes femmes et quelques disciples et se serait installé dans la région du Tricastin. Après sa mort en Italie, ses reliques auraient été rapportées à Saint-Restitut, devenu lieu de pèlerinage dès le Moyen Age. A côté de l'église on vénérait aussi une fontaine miraculeuse.

L'église, de style roman provençal, est flanquée dans sa partie ouest, d'une tour funéraire qui recouvrirait le tombeau du saint et qui porte sur ses quatre faces, une frise de scènes sculptées ayant trait à la Bible, au bestiaire ou aux métiers. Une autre originalité de cette église tient à sa décoration sculptée : à l'intérieur, une fine corniche court le long de chapiteaux ; à l'extérieur, le portail à fronton triangulaire supporté par deux colonnes ornées de chapiteaux corinthiens est un des plus beaux de Provence.

Le village du Barry : de la préhistoire à l'époque moderne

Adossé en amphithéâtre à la falaise, le village troglodytique aurait été habité de façon continue à travers les âges depuis la Préhistoire jusqu'à la 2nd guerre mondiale, en passant par la Protohistoire, la période gallo-romaine et le Moyen Age, chaque étape de civilisation ayant laissé sa marque propre. Occupant une position stratégique idéale au-dessus du Rhône et des voies de communication entre le Dauphiné et la Provence, il fut un comptoir important depuis l'époque grecque. Le village est sillonné de 2 sentiers bordés d'habitats troglodytiques qui, exposés au soleil et protégés du mistral bénéficient d'une certaine fraîcheur en été et de facilité de chauffage en hiver. Les hommes vivaient beaucoup dehors l'été, utilisant les terrasses qui s'avancent devant les grottes. La vie se resserrait l'hiver autour d'une grande pièce commune comportant une vaste cheminée. Une visite sur le site permet de remarquer aussi la chapelle N. Dame de l'Espérance restaurée au début du siècle et de découvrir des aménagements utiles à la vie quotidienne, citerne collectant les eaux de pluie, évier en pierre muni d'un trou d'écoulement, emplacement de la boite à sel, du placard, cuve à vin, four à pain... Autant d'éléments qui sont des témoignages de l'ingéniosité des hommes à s'adapter à ce style d'habitat.

Déjà en pleine Provence, le plateau du Barry vous permet l'observation de nombreuses espèces animales méditerranéenne. La mante religieuse, la zygène de la lavande et un de nos plus spectaculaires papillons porte-queues : le flambé peut-être aussi le moins farouche.

J.-M.R.

J.-M.R.

J.-M.R.

20 LA-ROCHE-DE-GLUN
le tour de l'île, les oiseaux

A 10 km au nord de Valence, une balade à partir d'un village pittoresque, sur les berges de l'Isère et du Rhône pour découvrir une faune originale et aussi les ouvrages d'aménagement de ces cours d'eau.

fiche technique

Longueur : 9 km
Dénivelé : 0
Durée : 3 h
Difficulté : néant, terrain plat
Période : toutes saisons
Équipement : randonnée légère
Point d'eau : au village
Balisage : bleu-vert réalisé par l'Association «La Roche d'hier et d'aujourd'hui»
Carte Michelin : n° 246 pli 19
Carte IGN : 1/25000, 3035 est et ouest, 3036 est et ouest

itinéraire d'accès

De Valence, vous prenez vers le nord la N 7 jusqu'à Pont-de-l'Isère où vous tournez à gauche vers La Roche-de-Glun que vous atteignez après avoir franchi le pont sur le canal de dérivation. Juste après le pont, vous tournez à droite pour gagner rapidement la partie nord de l'île où vous garez votre voiture entre le plan d'eau à droite et le bassin des Musards à gauche.

description

Le tour de l'île se fait dans le sens inverse des aiguilles d'une montre et commence par la visite des parties anciennes du village. Après un coup d'œil sur le plan d'eau cher aux amoureux de la voile (planches, dériveurs), vous découvrez de l'autre côté du Rhône les toits et le clocher de Glun, ancien village de pêcheurs. Sur votre gauche, vous longez le Bassin des Musards aux eaux poissonneuses. Se reflétant sur le miroir de l'eau, des cygnes blancs y évoluent lentement. Au coin du quai Lavirote ①, vous apercevez un rocher apparemment anodin mais en fait célèbre, parce qu'il aurait été un écueil pour les navigateurs du fleuve, responsable de nombreux naufrages. Au dessus, la tour de Plomb, haute de 33 m, était au XIXe siècle une fabrique de plombs de chasse. A côté de l'église, vous irez voir la tour Diane de Poitiers du XVIe siècle et un peu plus loin la porte Roussillon de la même époque qui s'ouvrait dans des remparts. Vous revenez ensuite vers l'ouest pour observer le barrage sur le fleuve ②, emprunté par la route qui mène au village de Glun. Construit en 1968, c'est l'un des nombreux ouvrages qui, du nord au sud, forment un chapelet d'équipements pour la navigation et la production d'hydroélectricité. Au pied des vannes, il n'est pas rare de voir une colonie de hérons. Du barrage vous empruntez la route qui file vers le sud le long du Rhône ; d'abord goudronnée elle est ensuite non revêtue, empierrée ou sablonneuse et longe à gauche d'immenses vergers. Environ à

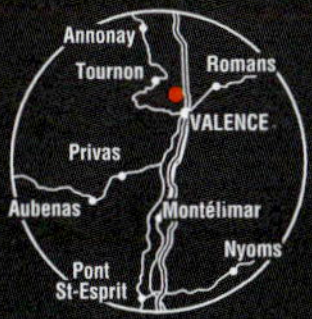

1,5 km du barrage, vous découvrez sur l'autre rive du fleuve le village de Chateaubourg dominé fièrement par son château et les vignobles de la célèbre appellation Saint-Joseph partant à l'assaut de collines escarpées. Poursuivant votre cheminement, vous parvenez à l'ancien four à chaux ③ et remarquez la belle maçonnerie utilisant les matériaux locaux : les galets du Rhône. A proximité, une bitte d'amarrage rappelle que là se situait l'ancien port. 3 km après le barrage, vous dépassez le circuit ④ de karting (qui a accueilli des compétitions internationales) à l'extrémité sud de l'île, laissez le barrage sur l'Isère sur votre droite. Suivant toujours les balises bleu et vert, vous remontez vers le nord le long du canal de dérivation large de 130 m dont le creusement a transformé la Roche-de-Glun en île. Après être passé près d'un siphon, vous pouvez rejoindre la digue ou marcher le long du contre-canal, l'itinéraire vous ramène au pont ⑤ par lequel vous êtes entrés dans l'île ; vous continuez vers le nord pour retrouver votre voiture. A noter pour les amateurs de ce sport joyeux et coloré que le bassin des Musards voit se dérouler des joutes nautiques les 13, 14 et 15 août.

Les oiseaux du bord de l'eau

Cette balade vous permettra de découvrir des aspects intéressants de la faune ornithologique et plus particulièrement celle liée au milieu aquatique. Le bassin des Musards qui, avant les travaux d'aménagement, constituait une anse-abri pour les bateaux de plaisance, est aujourd'hui un espace protégé ; vous pouvez y voir : râle d'eau, poule d'eau, foulque macroule, canard colvert, chipeau, fuligule milouin. Au niveau du Plan d'eau et du barrage vous pouvez observer héron cendré, mouette rieuse, goéland argenté, grand cormoran, busard des roseaux et grèbe huppé.

A gauche, la tour Diane de Poitiers.
Ci-contre, la tour de Plomb, un four à chaux et des cygnes sur le bassin des Musards.

21 LA TOURNÉE DU FACTEUR CHEVAL
Haute rives et le palais idéal.

A 40 km au nord de Valence, une balade bucolique dans la campagne, sur les pas de l'illustre facteur, bâtisseur obstiné d'un monument surréaliste.

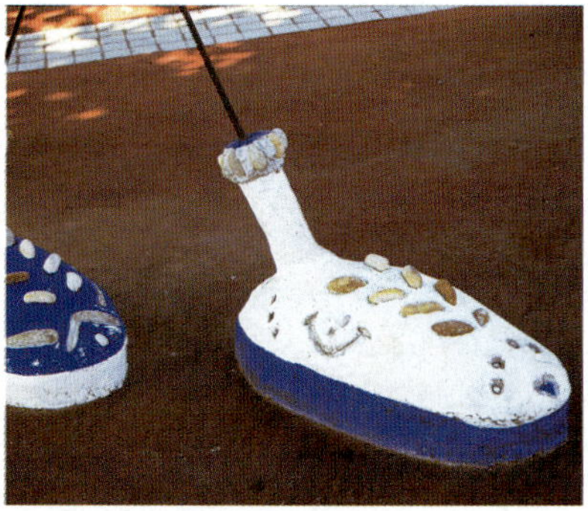

fiche technique

Longueur : 8,5 km
Dénivelé : 150 m
Durée : 2 h 30 (sans compter la visite du palais)
Difficulté : aucune
Période : toutes saisons
Équipement : randonnée légère
Balisage : itinéraire 82, puis 61, puis 82 (triangle jaune)
Carte Michelin : n° 246 pli 4
Carte IGN : 3034 est 3134 ouest
A voir aux environs : Saint-Antoine-l'Abbaye, fleuron gothique du Dauphiné, avec son église abbatiale, son trésor, son musée départemental, la miellerie hydromellerie, la forêt aux insectes géants.

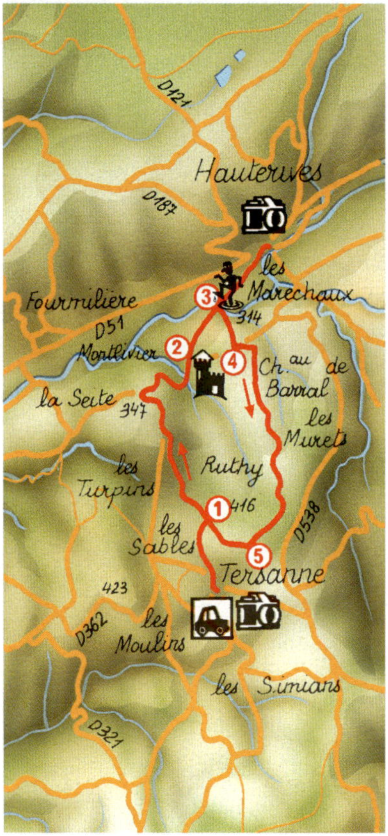

itinéraire d'accès

Vous quittez Valence par la N 532 (route de Grenoble) que vous empruntez jusqu'à Romans. Vous prenez alors la direction de Beaurepaire (D 538) et 24 km après Romans (environ 4 km avant Hauterives) à gauche vers Tersanne que vous atteignez après un km. Vous garez votre voiture sur la petite place près de la fontaine, devant le restaurant «La clef des champs».

description

Sur la place, le regard est attiré par des sculptures élaborées avec des galets peints en bleu ou blanc, figurant les souliers du célèbre facteur Cheval, ainsi que la trace de ses pas. Il faut savoir, en effet, que Tersanne était la commune d'affectation de ce facteur pour la distribution du courrier. Pour le suivre dans sa tournée, vous prenez à gauche la petite route d'Hauterives (D 121) et tournez à droite, peu de temps après, juste avant un lotissement, pour remonter un chemin goudronné (balisage triangle jaune n° 82). Passant devant une première maison, le chemin s'élève vers une ferme en ruine à droite, qui a conservé de beaux murs en galets. De la colline, la vue est superbe à l'ouest sur les escarpements du Massif Central. Traversant un champ, vous montez vers le bois où vous rencontrez le chemin de l'itinéraire 61 que vous allez suivre à gauche, jusqu'à Hauterives ①. Il descend vers une ferme où vous retrouvez la route d'Hauterives, que vous prenez à droite. Tandis que le village apparaît au loin, la voie goudronnée dessine quelques lacets, laissant un relais de télécommunications sur la gauche et continue sa descente sinueuse vers la vallée. Arrivé en bas du dernier virage, au niveau d'une maison, vous quittez la petite route pour emprunter à gauche ② un chemin qui file sur Hauterives au milieu des champs. Il mène à la rivière, la Galaure, que vous franchissez à gué à proximité d'un pont détruit ③. (Si le niveau de l'eau est trop important pour passer à gué, il faudra revenir vers la D 121 par l'itinéraire de retour et atteindre Hauterives par la D 538). Le cimetière est de l'autre côté avec la tombe du facteur et de sa famille. Vous le contournez par la gauche et observez les sculptures de ce tombeau peu banal. En quittant le cimetière, vous prenez à droite le chemin qui part au coin d'une maison en direction du village. En bas d'une légère descente, vous l'abandonnez pour prendre à gauche un chemin qui mène à la route que vous empruntez à droite pour atteindre l'église d'Hauterives. Au rond-point vous poursuivez tout droit vers le Palais Idéal dont

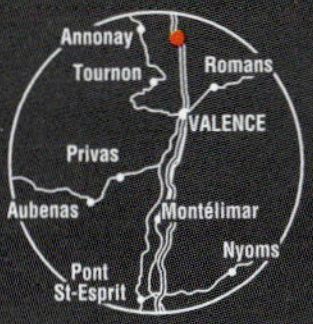

la visite vous est maintenant proposée (droit d'entrée). Le retour vers Tersanne s'effectue par l'itinéraire de l'aller jusqu'au gué sur la Galaure ③. Après avoir retraversé la rivière, vous prenez à gauche un chemin (toujours balisé 61), qui passe devant un ensemble de bâtiments avant de parvenir à la route D 121. Vous la traversez pour trouver presque en face à gauche, un chemin goudronné ④ qui, après un virage marqué, gravit la colline en ménageant de belles perspectives sur le Massif Central et le château de Barral. Après la dernière ferme sur la droite, le chemin qui cesse d'être revêtu, se dirige vers le bois qu'il traverse, pour rejoindre en lisière l'itinéraire 82 à prendre à droite ⑤, toujours en lisière, sur environ 700 m. Vous quittez alors l'itinéraire 61 pour reprendre à gauche le chemin n° 82 emprunté à l'aller et par la ferme en ruine revenir vers le village de Tersanne.

Un facteur opiniâtre

A pied, dans la campagne, Ferdinand Cheval ramassait tous les jours au gré de ses tournées de facteur, des cailloux. Le soir, il les utilisait pour construire dans son jardin un curieux monument inspiré de ses lectures et de ses rêves. Les habitants d'Hauterives étaient habitués à le voir pousser sa brouette. Quand il fut à la retraite, il put se consacrer entièrement à son œuvre et après 33 ans de travail acharné, le Palais Idéal était terminé. Il entreprit alors la construction au cimetière de la tombe familiale dans laquelle il est enterré. *«Je me traitais moi-même de fou d'insensé ; je n'étais pas maçon, je n'avais jamais touché une truelle ; sculpteur, je ne connaissais pas le ciseau ; pour l'architecture, je n'en parle pas, je ne l'ai jamais étudiée»*, disait lui-même Ferdinand Cheval.

A gauche, Tersanne, les pas du facteur Cheval.
Ci-contre, le palais du facteur Cheval.

Le Palais idéal : un monument insolite

L'étrange construction aux décorations bizarres s'étale sur 300 m^2 et 10 m de hauteur environ. L'architecture et le statuaire y entremêlent des styles très différents. Le palais tient du temple khmer, du sanctuaire hindou, du château moyenâgeux, de la mosquée, du chalet suisse et de la grotte de la Nativité. Tout un monde d'oiseaux s'y agitent, tandis que les anges y déploient leurs ailes et que 3 statues géantes de César, Vercingétorix et Archimède montent la garde. Des galeries intérieures mènent à des grottes et des escaliers étroits conduisent à une esplanade flanquée de tours fantastiques. Un peu partout des poèmes, sentences, maximes traduisent la pensée de l'artiste, telle celle-ci : *«C'est de l'art, c'est du rêve, c'est de l'énergie»*.
André Malraux qui y voyait un chef d'œuvre de l'art naïf, le fit classer sur la liste des monuments historiques en 1969, pour en assurer la sauvegarde. Plus de 120 000 visiteurs se pressent chaque année pour visiter cet extravagant monument, unique en son genre.

Le palais du facteur.

22 LE CHÂTEAU ET LA CRÊTE DE CRUSSOL
Saint-Péray, le château de Crussol et la longue crête en corniche

A 7 km à l'ouest de Valence, la balade classique des Valentinois à la forteresse qui domine fièrement leur ville ; un magnifique circuit en crête offrant des vues étendues sur les Alpes, le Massif central et la vallée du Rhône.

fiche technique

Dénivelé : 250 m
Durée : 3 h 15
Difficulté : néant mais attention aux enfants à proximité des à-pics
Période : toutes saisons, évitez les heures chaudes
Équipement : randonnée légère
Point d'eau : néant
Balisage : rouge et blanc, bleu
Carte Michelin : n° 246 pli l9
Carte IGN : 3036 ouest

itinéraire d'accès

Vous quittez Valence par la N 532, franchissez le Rhône et atteignez Saint-Péray où vous prenez la petite route qui monte vers le château de Beauregard. Vous le dépassez en poursuivant vers Crussol et garez la voiture sur les vastes emplacements à proximité de la statue de la Vierge dominant la ville de Saint-Péray.

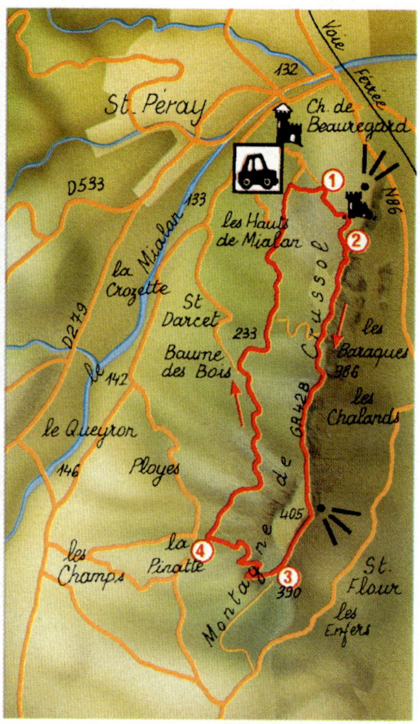

description

Vous empruntez le chemin qui s'élève vers le château, bientôt rejoint par l'itinéraire du GR 42B ① qui vous conduit à une première ligne de remparts. Déjà le paysage s'ouvre à l'est sur les montagnes du Vercors et les reliefs aux formes caractéristiques des Trois Becs dominant la forêt de Saoû, et au sud, sur les montagnes de la Drôme provençale. Vous montez au château à travers les vestiges de la «Villette», petit village fortifié. Progressant à travers les vieux pans de murs, vous vous élevez vers les ruines de l'ancien logis seigneurial ouvert sur le Rhône par des fenêtres à meneaux de l'époque Renaissance. Deux pignons très aigus appelés «cornes de Crussol» encadraient à l'origine la toiture. Le corps de logis constitue un balcon vertigineux de quelque 225 m d'à-pic au-dessus de la plaine. De ce belvédère, la vue embrasse un panorama immense : la ville de Valence longée par le Rhône, véritable artère déroulant son ruban bleu parcouru par des barges de grande taille, entrecoupé de barrages et d'usines électriques ; tout autour, les mosaïques de couleur dessinées par les champs et les vignobles réputés (Saint-Péray, Cornas) ; et en toile de fond, toute la chaîne des Alpes.
Vous sortez du château par une poterne située à l'ouest, où vous retrouvez le balisage rouge et blanc du GR ②. Le sentier grimpe vers le sud ménageant une perspective nouvelle sur la forteresse qui apparaît alors comme un véritable nid d'aigle. Il se dirige vers un petit bois de cèdres puis, toujours en crête, ce qui réserve des vues magnifiques de part et d'autre, gagne un bois de chênes verts. Le

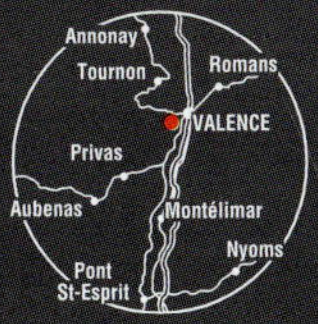

parcours s'effectue ensuite en sous-bois, des trouées ici et là constituant autant de fenêtres sur des paysages magnifiques. Après une zone incendiée, vous arrivez à une première et ancienne carrière. Le sentier file ensuite en corniche au-dessus du Rhône, longeant un bel affleurement de dalles calcaires. Au niveau d'une deuxième carrière, un piquet métallique invite à tourner à droite près d'un rocher portant des marques rouges et blanches ③. Vous descendez quelques mètres et bifurquez à gauche pour continuer la descente dans un bois de chênes verts et blancs. Le sentier s'élargit vers le bas des carrières, se transformant en un chemin d'exploitation qui se dirige vers une petite route goudronnée. Une dizaine de mètres avant de l'atteindre, au niveau d'une plantation d'abricotiers, vous franchissez à droite un talus ④ pour emprunter le sentier qui passe au-dessus du verger. Il s'agit maintenant de revenir à Saint-Péray par le sous-bois, en marchant de niveau (négligez les sentiers qui remontent sur la crête ou qui redescendent dans le vallon). Montant vers le nord à travers des bois de chênes verts, pins sylvestres et pins d'Alep, le sentier balisé bleu, longe une clôture sur la gauche puis s'élargit à travers un beau bois de chênes blancs et verts. Devant une pancarte signalant une propriété privée, il faut quitter un moment le balisage bleu et prendre 2 fois à droite en montant, pour contourner un bois de pins noirs et redescendre à gauche, pour rejoindre le sentier balisé bleu montant de la gauche. Cheminant avec lui en serrant à droite, vous arrivez à un réservoir d'eau proche de la statue de la Vierge où vous retrouvez votre véhicule.

La ligne des remparts et différents aspects du village de Crussol.

Un site imprenable entre terre et ciel

Perchée sur un éperon calcaire avec lequel elle se confond, au-dessus d'un à-pic de 200 m, la forteresse surveille, telle une sentinelle, le sillon rhodanien. L'occupation de ce promontoire remonterait à la préhistoire. Un des premiers édifices répertorié, construit sur le sommet du rocher de Crussol aurait été un temple gallo-romain dédié à Mars. Au IXe siècle, on évoque la construction d'un donjon entouré de fortifications. Giraud Bastet sera le premier Seigneur à y établir son château au XIIIe siècle. Le château de Crussol et ses 3 enceintes couvrait près de 3 hectares et un périmètre de 800 mètres. La première enceinte qui bordait l'esplanade avait une hauteur de 15 m, la seconde était doublée d'un chemin de ronde, tandis que tours, châtelets et bastillons défendaient l'accès. Autant dire que la forteresse était bien gardée contre l'assaillant. Les «petits sires» de Crussol et leurs descendants, très vite élevés à des charges officielles importantes du Royaume, chambellan, duc d'Uzès, pair de France, commencèrent à s'éloigner de l'inconfortable citadelle. Le nid d'aigles ne put échapper plus tard aux guerres religieuses et changea plusieurs fois de propriétaire. Pris en 1573 par les protestants et fortifié, il sera repris par les catholiques et détruit au XVIIe siècle. On raconte que Bonaparte en garnison à Valence monta plusieurs fois à la forteresse accompagné de son jeune frère. Certains prétendent même qu'au péril de sa vie il voulut en faire l'ascension par la falaise. En 1952, quelques-uns des derniers vestiges, une «corne» et une tourelle en cul de lampe furent endommagés par la foudre et heureusement très vite restaurés.

Les vestiges du chemin de ronde.

23 LE BELVÉDÈRE DE SAINT-ROMAIN-DE-LERPS
la corniche du Rhône

A 15 km au nord-ouest de Valence, une balade facile vers le sommet qui domine la vallée du Rhône. Vous y ferez provision d'air pur et de fraîcheur et y découvrirez un panorama circulaire grandiose sur des horizons immenses.

fiche technique

Longueur : 7 km
Dénivelé : 145 m
Durée : 2 h
Difficulté : néant
Eau : au village
Période : toutes saisons
Équipement : randonnée légère
Balisage : rouge et blanc : GR 42 B et 42 par endroits
Carte Michelin : n° 246 pli 19
Carte IGN : 3035 ouest Saint-Péray

itinéraire d'accès

Vous quittez Valence par la N 532 et franchissez le Rhône pour vous diriger vers Saint-Péray ; vous traversez cette ville en direction de Lamastre (D 533). 8 km après Saint-Péray, au niveau du hameau du Pin, vous prenez à droite une petite route qui monte en crête vers Saint-Romain-de-Lerps et atteignez le relais de télécommunications. Vous le dépassez de 200 m environ pour trouver sur la droite une place de stationnement contre un bois de douglas.

description

Vous revenez à pied vers le relais de télécommunications et le dépassez de 100 m environ pour emprunter à gauche un bon chemin qui descend en oblique ① (ne pas aller jusqu'au petit carrefour de la croix du Cerisier). Vous cheminez vers un groupe de pylônes radio que vous laissez à main gauche et poursuivez tout droit en dépassant une maison sur votre droite. Depuis les prairies, bordées de genêts d'or au printemps, un panorama immense s'offre sur la vallée du Rhône. Un km après votre point de départ vous parvenez à un chemin revêtu que vous empruntez à gauche en direction du village de Saint-Romain-de-Lerps aperçu au sommet de la montagne ②. Il descend bientôt à travers un beau peuplement de châtaigniers, à l'ombre salutaire l'été. Il rejoint la route départementale venant directement de Saint-Péray que vous empruntez à droite sur 100 m. Dans le deuxième virage (à gauche), un raidillon peu visible au départ, ③ vous permet de descendre à gauche, à travers bois, au hameau des Plaines où un chemin conduit à gauche à la ferme de Chanteperdrix ④. Vous y rencontrerez peut-être le troupeau de chèvres. Vous suivez ensuite le chemin du GR 42B balisé rouge et blanc qui vous mène en quelques lacets au village de Saint-Romain-de-Lerps ⑤. Vous traversez le village à droite et mon-

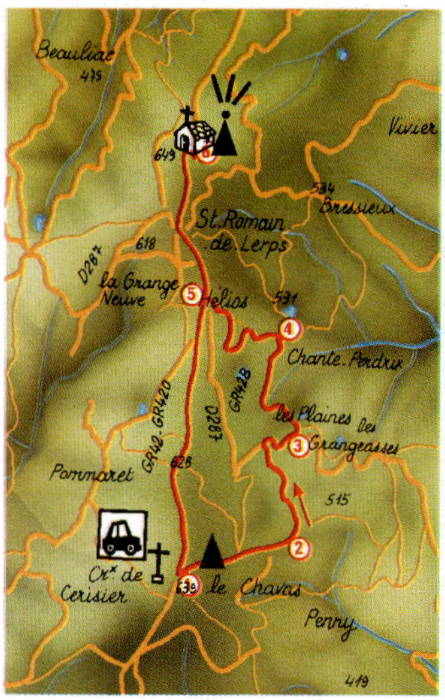

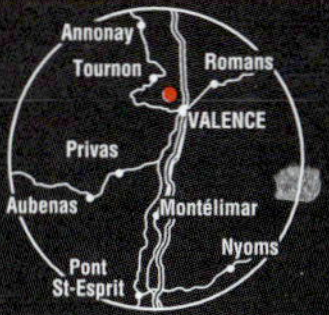

tez vers le belvédère ⑥ : à côté du relais de télévision, une petite chapelle s'élève au sommet à 649 m. encadrée par deux tables d'orientation. De ce belvédère unique, la vue s'étend dans toutes les directions : à l'est, notamment, sur la vallée du Rhône avec le fleuve et ses barrages, la ville de Valence dominée par la montagne de Crussol ; plus loin les barres rocheuses du Vercors et jusqu'aux sommets enneigés des Alpes et du Mont Blanc ; à l'ouest, sur les vallonnements de collines du Vivarais, avec au loin le sommet du Mont Mézenc. Un panorama magnifique à découvrir et contempler ! Revenant sur vos pas, vous retraversez le village, et au niveau du carrefour avec la D 287 qui redescend sur Saint-Péray ⑤, vous empruntez tout droit l'itinéraire du GR 42, balisé rouge et blanc, qui suit la petite route des crêtes. Elle vous ramène à votre voiture.

La montagne du vent ou celle du désert

On sait que le pic de Saint-Romain était bien connu des mariniers qui passaient sur le Rhône et l'appelaient «de l'air», en raison du vent souvent violent qui s'y déchaîne. Le nom «Lerp» pourrait avoir aussi une racine grecque, (Hermès, le dieu Mercure, frère d'Eole ?) ou «Herpe» qui signifie la lèpre. On pourrait aussi trouver à «Lerps» une origine latine, «heremo»,»hernès» signifiant terrain désert ou inculte ou ermitage, car un ermite y aurait effectivement vécus . Deux seigneurs se seraient partagés la propriété de ce territoire, le Seigneur de Crussol et celui du château de Durtail, actuellement en ruine. A la Révolution, le village fut appelé Mont l'Air. (d'après l'abbé Garnodier).
A l'heure actuelle on monte à Saint-Romain-de-Lerps pour jouir du panorama et de l'air frais en période estivale.

A gauche, panorama sur la vallée du Rhône. Ci-contre, La chapelle et la table d'orientation de Saint-Romain-de-Lerps.

24 LES GORGES DU DOUX
le Grand Pont, le chemin de fer du Vivarais, le viaduc du Duzon

A 23 km au nord de Valence une boucle pittoresque en corniche au-dessus du confluent du Doux et du Duzon : balade variée, offrant des vues superbes sur des ponts célèbres et des rivières aux eaux bondissantes.

fiche technique

Longueur : 7 km
Dénivelé : 200 m
Durée : 2 h 30
Difficulté : en saison de hautes eaux le passage à gué du Doux peut être délicat (voir ci-dessous comment surmonter cette difficulté), en période de basses eaux, le gué d'une dizaine de mètres à franchir peut nécessiter de mettre les pieds dans l'eau.
Période : toutes saisons
Équipement : randonnée légère, maillot de bain l'été
Point d'eau : à Tournon
Balisage : rouge et blanc, orange sur une partie de l'itinéraire
Carte Michelin : n° 246 pli 19
Carte IGN 1/25000 : 3035 ouest Tournon

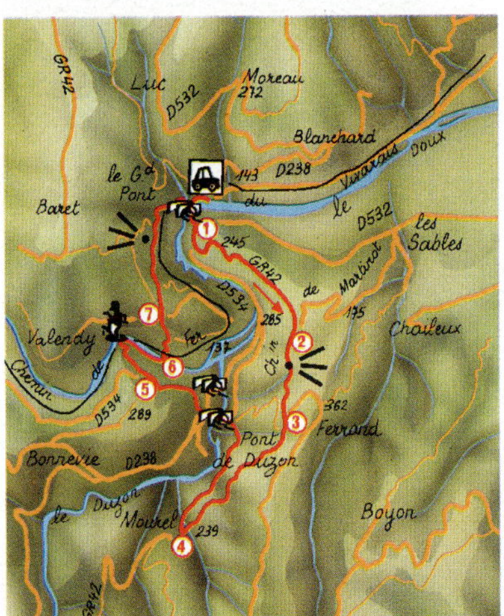

A voir aux environs : Tournon et Tain-l'Hermitage, qui se font face de part et d'autre du Rhône au pied de coteaux que surplombent les terrasses d'un ancien château. Le vignoble de Tain-l'Hermitage est l'un des plus célèbres des Côtes du Rhône. Boucieu-le Roi, siège de l'ancien bailliage royal du Haut Vivarais et son église du XIII-XVIe siècle.

itinéraire d'accès

Vous quittez Valence vers le nord par la N 7 et atteignez Tain-l'Hermitage où vous bifurquez à gauche en direction de Tournon. Vous traversez cette ville en suivant le fléchage Saint-Jean-de-Muzols (N 86), et au bout d'un km tournez à gauche sur la D 238 (après avoir franchi le Doux) en direction des Gorges du Doux et du Grand Pont. La route remonte la vallée en suivant la petite voie ferrée et en 3 km arrive au Grand Pont. Vous pouvez stationner sur la gauche juste avant le pont.

description

Vous traversez le Grand Pont achevé en 1583, en observant le cours impétueux du Doux sous la belle arche de pierre en dos d'âne et empruntez à droite sur une très courte distance la D 534. Vous grimpez immédiatement à gauche un chemin portant les balises rouges et blanches du GR ①. Il s'élève régulièrement dans un bois de chênes blancs et de chênes verts, puis de pins sylvestres et de châtaigniers, sur une croupe incluse dans un méandre du Doux. Ce cheminement vous fait profiter de vues magnifiques, à droite sur la rivière encaissée, et à gauche sur les faubourgs de Tournon et les fameux vignobles en terrasses de l'Hermitage. Vous apercevez bientôt les hautes arches du viaduc du Duzon construit en 1870, légèrement en amont du petit pont construit en 1656. Le chemin, toujours en corniche laisse en bas à droite le beau mas du Ravissier et la voie ferrée du chemin de fer du Vivarais. Vous rejoignez la petite route revêtue appelée chemin de Martinot-chemin des crêtes que vous empruntez à droite ② sur environ 800 m. Dans un virage, juste au-dessus de deux maisons, vous quittez la route pour descendre à droite un bon chemin ③ en corniche au-dessus de la vallée du Duzon : de belles vues s'offrent à vous sur le viaduc et la rivière. Vous traversez des bois de pin ssylvestres et de châtaigniers, puis de robiniers ; au printemps, les abeilles y butinent activement parmi les longues grappes blanches dans un bourdonnement entêtant. Poursuivant la descente au milieu d'anciens vergers de châtaigniers, le chemin franchit une gentille cascade avant de rejoindre une petite route goudronnée que vous prenez à droite ④ pour gagner le viaduc du Duzon. Du haut du viaduc emprunté pour franchir la vallée, un point de vue vertigineux vous est offert sur la rivière et l'ancien pont. Vous poursuivez sur 200 m environ en direction de Colombier-le-Vieux, avant de descendre à droite au niveau d'une ligne à haute tension ⑤. Partant en oblique depuis la route, le sentier descend vers la rivière, le barrage du Doux et la voie du chemin de fer du Vivarais. 10 mètres environ avant d'atteindre la voie, un raidillon dévale à droite vers le fond du vallon. Vous le prenez pour descendre sous les arches du pont et traverser la rivière à gué, très légèrement en amont. Un passage en galets aménagé évite en principe de mettre les pieds dans l'eau. Mais à certaines saisons il peut être nécessaire de se déchausser. Après la traversée, vous repassez sous le pont du chemin

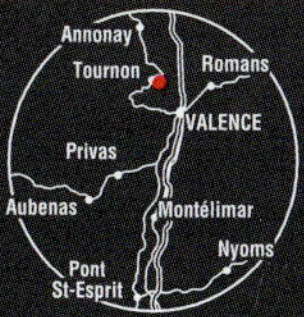

de fer et suivez la rivière en rive gauche. Progressant tout d'abord sur un lit de galets, puis de terre, le sentier longe un petit bois de robiniers puis rencontre 250 m environ après le pont, au niveau d'un gros piquet en bois, un sente qui remonte à gauche ⑥ vers la gare-miniature de Troye. Vous l'empruntez et traversez la voie au niveau de la commande d'aiguillage pour remonter en oblique à droite sur le chemin d'un parcours équestre (balisé orange).

(Si le niveau de l'eau est trop important pour passer à gué, vous pouvez utiliser la voie du chemin de fer touristique **uniquement entre décembre et mars, quand le petit train du Vivarais ne circule pas.** Pour cela, vous rejoignez la voie un peu avant le pont, franchissez la rivière sur la passerelle aménagée pour les piétons et continuez votre marche le long de la voie sur 250 m environ en étant particulièrement attentif au niveau d'une section plus étroite de 40 m environ. Vous quittez la voie ferrée juste avant la petite gare de Troye en empruntant à gauche le chemin équestre qui monte en oblique).

En quelques lacets, vous parvenez à la maison de Troye d'où vous rejoignez très rapidement un chemin goudronné ⑦. Laissant à gauche la voie qui mène au mas de Valendy et à droite celle de Ravissier, vous descendez tout droit dans le sousbois en compagnie du GR 42. Des ouvertures vous permettent d'admirer les chutes d'eau du Doux au niveau d'une prise d'eau et d'entr'apercevoir la belle arche en dos d'âne qui enjambe la rivière. Vous vous rapprochez du Grand Pont, point de départ de la balade, aux abords duquel vous pourrez toujours trouver un coin propice à la baignade vers Douce-Plage.

Les gorges du Doux.
Le Grand Pont.

Le petit train du Vivarais

Construite à la fin du siècle dernier pour relier entre elles les communes de Tournon et Lamastre (et prolongée jusqu'au Cheylard où elle rejoignait la voie ferrée de l'Eyrieux), la ligne Tournon-Lamastre a été réouverte en 1969 au tourisme par la Société des chemins de fer touristiques et de montagne. Son parcours de 33 km très pittoresque permet en effet d'explorer les gorges du Doux parfois inaccessibles par d'autres moyens. Le petit train à vapeur longe les vergers et les vignobles de Saint-Joseph, découvre des ponts impressionnants sur le Doux et des barrages, puis escalade la montagne, longeant des forêts, le château de Chazotte, une magnanerie... des paysages superbes. Le petit train à vapeur est d'époque : il a conservé ses voies, ses wagons, ses gares, sa locomotive, ce qui enchantera les passionnés de chemin de fer et d'histoire qui verront là le dernier témoin authentique de l'ancien réseau des chemins de fer du Vivarais.

Le Chemin de fer du Vivarais circule de Pâques à la Toussaint. Départ de la petite gare de Tournon.
Pour les horaires, se renseigner auprès de la Société CFTM - 2 quai J. Moulin, 69001 Lyon tél. 78 28 83 34

Les ponts sur le Doux

Comme celles de nombreuses rivières vivaroises, les crues du Doux ont de tous temps provoqué des inondations catastrophiques, détruisant à plusieurs reprises les ponts qui franchissaient la rivière. Les Romains avaient construit le pont de César, seul pont à l'époque qui permettait de passer le Doux. Détruit par une inondation, on tenta de le reconstruire un peu plus bas. Le nouveau pont une fois terminé, fut, lui aussi, emporté par une crue au milieu du XIIIe siècle, suivi d'un autre pont flanqué d'un bâtiment à deux tours encore visible, construit plus tard pour le remplacer. Il fallut encore une fois reprendre les travaux pour édifier le Grand Pont dont la construction se termina à la fin du XVIe : une seule arche en pierre de 50 mètres de portée, la plus grande au monde réalisée jusqu'alors en pierre. Un autre pont fut encore édifié en amont du Grand Pont que l'on peut encore voir près du grand viaduc. Le magnifique viaduc de Duzon qui enjambe la rivière du même nom, fut lui, construit à la fin du XIXe s. Quant aux maçonneries de l'ancien pont romain, elles servirent encore à supporter la pile centrale du barrage proche du Grand Pont.

Les principaux hôtes du Doux

En vous penchant depuis le pont qui enjambe le Duzon, vous pouvez apercevoir les grands travaux des castors. Car les gorges élargies à cet endroit et bien ensoleillées offrent un site idéal à ces bâtisseurs. Rappelons que le castor est un grand mammifère rongeur, capable de couper les jeunes arbres du bord des rivières, pour construire des barrages et des huttes immergées. Il se nourrit d'écorces et de plantes herbacées. Ses pattes de derrière palmées font de lui un très bon nageur.
Parmi les oiseaux qui fréquentent la vallée du Doux, on rencontre dans les gorges, l'hiver, le hibou grand duc et au printemps, l'épervier d'Europe. Le torcol fourmilier se réfugie dans les chênes pubescents ou les chênes verts, tandis que le circaète Jean le Blanc niche plutôt dans les pins sylvestres. Le milan noir vient facilement du Rhône et le bruant fou est plutôt sur les coteaux. Buse variable et bondrée apivore se rencontrent également au printemps.

Différents types de barrage sur le Doux : celui de l'homme aux installations rouillées, et celui qu'élabore inlassablement notre ami le castor. De dos, serait-ce le chef de la patrouille ?...

H.K.

H.K.

25 LE CHEMIN DE VEYRINES
le village de Lalouvesc, le mont Chaix, le hameau de Veyrines

A 56 km au nord-ouest de Valence, marchez sur les pas de Saint-Régis entre les deux sanctuaires de Lalouvesc et Veyrines : une balade sur les pentes boisées du mont Chaix, au goût de framboise et de myrtille.

fiche technique

Longueur : 8 km
Dénivelé : 400 m
Durée : 4 h
Difficulté : sans
Période : demi-saison et l'été pour les myrtilles et les framboises !
Équipement : randonnée classique
Point d'eau : Lalouvesc
Balisage : jaune et blanc ; rouge et blanc
Carte Michelin : n° 246 pli 18
Carte IGN 1/25000 : n° 2935

itinéraire d'accès

Vous quittez Valence par Saint-Péray et la N 86 au nord en direction de Tournon où vous prenez à gauche la route touristique D 538 sur une quarantaine de km, jusqu'à Lalouvesc. Vous stationnez dans le centre du village.

description

Vous gagnez la large place du Lac et empruntez la petite route qui la surplombe à droite. Elle s'élève au-dessus du camping jusqu'à un carrefour où vous tournez à gauche le long d'un champ jusqu'à une bifurcation où un panneau invite les promeneurs à suivre à droite le «chemin de Veyrines» balisé jaune et blanc ①. La voie encore revêtue traverse un quartier d'habitations et poursuit sa montée dans les pins. La vue se découvre à droite sur la cité de Lalouvesc et les clochers de la basilique. Le chemin boisé passe en corniche sur les flancs du mont Chaix au-dessus de la vallée de l'Ay, traversé par quelques éboulis de pierres descendant du sommet. Il entame une pente légère en forêt qui se poursuit après une fourche. Sous les arbres s'épanouissent genêts et myrtilles, épilobes et framboisiers, pour le plus grand plaisir des yeux ou du palais, selon la saison. Après un grand tournant à droite, le chemin longe une jolie maisonnette «le traiteur». Un vaste pré vous accueille avec à son extrémité une maison en ruine. Vous continuez à droite en direction du

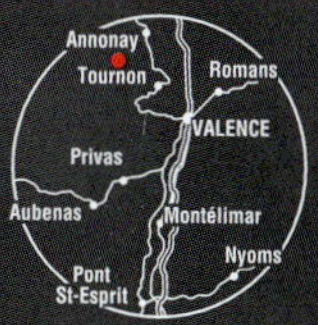

Suc de la Blache jusqu'à une croix et poursuivez tout droit en suivant toujours le balisage jaune et blanc. Dans un tournant en épingle à cheveux ②, vous filez tout droit (en laissant d'abord le GR partir à droite et plus loin le chemin de Champaveire monter à gauche). Vous traversez une très belle forêt aux essences variées, pins, épicéas, châtaigniers. Après avoir longé le mur d'une ancienne maison, vous continuez votre descente au-dessus d'un vallon encaissé gardé de l'autre côté par deux fermes en ruine. Une rapide descente dans un bois de châtaigniers vous conduit au-dessus du hameau de Veyrines. Vous apercevez le clocher de la petite église romane blotti entre les toits des maisons. Vous vous approchez de ce joyau du Vivarais, aux lignes sobres et harmonieuses. C'est tout près de là que Saint-Régis, trouvant porte close en plein hiver, aurait, dit-on, passé sa dernière nuit.

Le chemin de retour, balisé jaune et blanc, part à droite (en regardant l'église) et passe en corniche au-dessus du ruisseau. Au premier carrefour, il s'enfonce tout droit dans les pins et les châtaigniers, s'élève toujours à droite puis se rétrécit entre les genêts. Le ruisseau en-dessous chante sa mélodie. Vous le rejoignez bientôt et le traversez à gué ④ ; l'endroit est idéal l'été pour se rafraîchir. Vous remontez sur l'autre versant à l'ombre des châtaigniers, jusqu'à la rencontre avec un large chemin à prendre à main droite pour rejoindre l'itinéraire du GR qui, venant de Huguet se dirige vers Lalouvesc ⑤. Vous le suivez à droite jusqu'à la petite route de la Ravicole que vous prenez encore à droite sur un très court tronçon, pour retrouver le chemin du GR qui file à droite. Contournant le fond du vallon, il passe devant une ferme et se dirige vers le Suc de la Blache. Dans une épingle à cheveux, il croise le chemin de l'aller ② qu'il faut parcourir cette fois à gauche, pour remonter vers Lalouvesc.

Le hameau de Veyrines et la façade du Prieuré.
La chapelle de Lalouvesc.

Le prieuré de Veyrines

Édifice roman harmonieux au milieu d'un paysage de collines, Veyrines attestée dès le XIe siècle, est une des plus anciennes abbayes bénédictines du Vivarais. Bâtie en granit en forme de croix latine, elle est d'une grande simplicité. Sa façade notamment présente un porche creux orné de tores. A l'intérieur on remarque trois chapiteaux naïfs : le premier représente la tentation d'Eve qui a l'air de recevoir du serpent dans une main la pomme qu'elle place de l'autre main dans la bouche d'Adam ; le second, la descente du Christ aux limbes, et le troisième, le combat de deux chevaliers. Une association des amis de Veyrines datant des années 1970 veille avec attention à l'entretien et à la protection de ce joyau du Vivarais.

Un marcheur infatigable

Celui qui a été surnommé l'apôtre du Vivarais, Jean François Régis, était un languedocien entré tout jeune chez les Jésuites. Envoyé en mission par son évêque pour ranimer la foi catholique dans les campagnes après les guerres religieuses, il y fut très bien accueilli. Sa voix forte, son langage direct, sa grande taille, sa simplicité et son énergie attiraient les foules qui se pressaient pour venir l'écouter. On le disait marcheur infatigable, ne craignant ni la nuit, ni les distances, ni les voleurs, ni même les loups. Il savait gagner le cœur des populations des Boutières et des hauts plateaux du Velay et du Vivarais. Il aurait converti les plus réfractaires et opéré des miracles déjà de son vivant. En 1640, il doit aller prêcher au village de Lalouvesc, juste avant Noël. Accompagné d'un frère, il se perd dans la neige sur les pentes du mont Chaix, essaye de se réfugier à Veyrines où il trouve porte close et passe la nuit sous un portail où il prend froid. Il meurt à Lalouvesc quelques jours après. Des miracles s'accomplissent sur sa tombe. Il est canonisé en 1737.

Balade suivante : la château de la Tourette.

26 LE CHATEAU DE LA TOURETTE ET LES GORGES DE LA DUNIERE

Vernoux-en-Vivarais, les vestiges, le canyon

A 32 km à l'ouest de Valence, la découverte d'un célèbre château en ruine surplombant fièrement des gorges sauvages

fiche technique

Longueur : 7 km
Dénivelé : 200 m
Durée : 2 h 30
Difficulté : néant
Période : été, demi-saison
Équipement : randonnée légère
Balisage : jaune, jaune et blanc par endroits
Carte Michelin : n° 246 plis 19-20
Carte IGN : 2936 est Lamastre

itinéraire d'accès

Vous quittez Valence vers Saint-Péray et empruntez la D 533 en direction de Lamastre. A 11,5 km de Saint-Péray, vous prenez à gauche la route de Vernoux-en-Vivarais (D 14) et une fois arrivé, traversez le village en passant à gauche de l'église, pour suivre les indications du château de la Tourette. La route s'oriente au sud-est, laisse à droite le chemin goudronné du camping des Îles, et après avoir dépassé la ferme de Montunaud, celle de la route du club de tir et des fermes Lodie et Lelion à gauche. Une dizaine de mètres après ce carrefour, en face du débouché d'un chemin goudronné, vous trouvez un emplacement sur la droite de la route pour stationner.

description

Vous poursuivez à pied sur environ 1,3 km la petite route goudronnée en direction du château de la Tourette, passez à proximité de la ferme de Pailler et descendez à gauche ① le chemin empierré qui mène aux ruines. Érigé probablement au XIVe siècle, il garde encore fière allure, dressé dans un site sauvage qui domine le confluent profondément encaissé de la Dunière et de l'Eve. Il marquait jadis l'entrée des États du Languedoc. Aujourd'hui subsiste un gros donjon qui a conservé une partie du couronnement des mâchicoulis et des corbeaux.

En suivant le balisage jaune, vous descendez à droite ② dans un bois de chêne blanc, par un sentier qui bientôt vire à gauche le long d'un vallon. Au bas de la descente, vous laissez le sentier balisé dégringoler à gauche ; vous continuez tout droit sur 10 m pour prendre à droite (cairn) un sentier peu marqué au début et non balisé ③. Il remonte en rive gauche le cours de la rivière dont on entend le murmure, quelques dizaines de mètres en contrebas. Vous négligez les petites sentes qui y descendent, pour rester sensiblement de niveau. Plus loin, le sentier se rapproche de l'eau en entrant dans un bois de robiniers ;

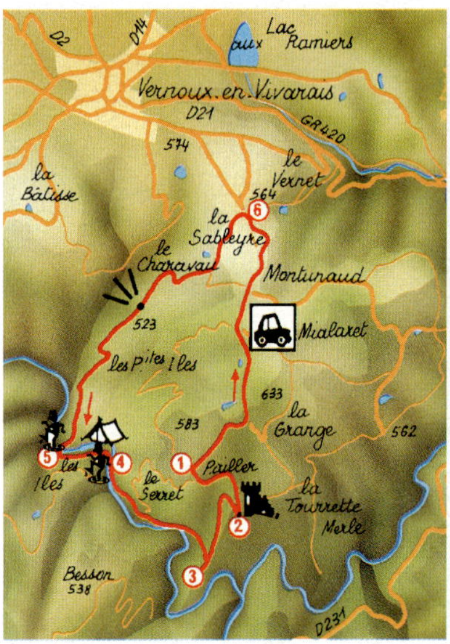

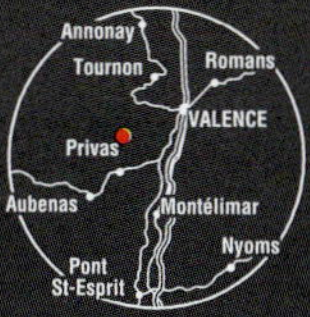

vous descendez à gauche vers le seuil rocheux pour trouver une passerelle verte vous permettant de franchir la Dunière ④ (en été, le passage à gué est tout aussi facile !). Une fois passé en rive droite, vous trouvez un sentier qui remonte vers l'amont dans un beau peuplement de pins sylvestres et longe le camping des îles de l'autre côté de la rivière. Retrouvant le balisage jaune, vous retraversez à gué la rivière, juste en face de l'arrivée du chemin goudronné qui descend au camping ⑤. Vous remontez ce chemin qui offre de belles vues sur le bassin de Vernoux, sur 2 km, jusqu'au carrefour avec la petite route venant de Vernoux ⑥. Vous la prenez à droite en direction du château de la Tourette et à quelques centaines de mètres, retrouvez votre véhicule.

Un enfant du pays : Vincent d'Indy

La gigantesque flèche de 56 m de haut de l'église de Vernoux a de quoi surprendre dans ce fief du calvinisme : elle couronne l'édifice rebâti au XIXe siècle, grâce au zèle des «prêtres» et inauguré en grandes pompes sous les yeux des notables protestants. Son carillon exécute une musique de Vincent d'Indy qui fut le premier organiste de l'église. Ce célèbre compositeur (1851-1931), quoique né à Paris est d'une famille issue de la région. Son œuvre considérable, s'inspirant des chants populaires et du folklore local, est toute imprégnée de l'âme vivaroise. Citons, parmi les plus marquantes, le «Poème des Montagnes» pour piano, la «Symphonie Cévenole», un recueil de chansons du Vivarais, des drames lyriques, «Fervaal», «L'étranger», «Jour d'été à la Montagne», «La légende de St Christophe». Il venait composer au château des Faugs qu'il avait fait construire à quelques kilomètres au nord de Vernoux, près du joli village perché de Boffres où un buste en bronze est érigé à sa mémoire.

Château des Faugs : visite du 15 juin au 15 septembre les lundi, mercredi, samedi et dimanche de 14h à 18h.

A gauche, les gorges de la Dunière.
Ci-contre, le château de la Tourette.

27 LE CHATEAU DE ROCHEBONNE

Saint-Martin de Valamas, les gorges de L'Eyrieux, le hameau de la Rochette

A 65 km à l'ouest de Valence, à proximité de belles cascades, un piton rocheux porte les ruines vertigineuses d'un château féodal dans un site exceptionnel. Un fabuleux décor pour une balade.

fiche technique

Longueur : 10 km
Dénivelé : 326 m
Durée : 4 h
Difficulté : sans
Période : toutes saisons
Équipement : randonnée classique
Point d'eau : Saint-Martin
Balisage : bleu et blanc, rouge et blanc
Carte Michelin n° 246 pli 19
Carte IGN : 1/25000 - n° 2936 Ouest
A voir aux environs : Saint-Julien-Boutières et les ruines de son château féodal.

itinéraire d'accès

De Valence, vous gagnez Saint-Péray où vous prenez la D 533 jusqu'à Lamastre, puis la D 578 à gauche jusqu'au Cheylard et de là la D 120 à droite vers Saint-Agrève. Arrivé à Saint-Martin de Valamas, vous traversez l'Eyrieux à droite et à l'extrémité du pont, encore à droite, longez la rivière en passant devant la station d'épuration. Vous stationnez au bout de la route goudronnée, en contrebas de l'hospice.

description

Vous empruntez tout droit l'ancienne voie ferrée qui passe bientôt sur un pont de fer au-dessus de la vallée, offrant de belles perspectives sur l'Eyrieux. Votre marche tranquille va durer 2 km, jusqu'à un carrefour où vous choisissez à gauche l'itinéraire du GR, balisé rouge et blanc ①, qui dessine une belle épingle à cheveux pour contourner un grand pré. Il s'élève en lacets à travers les prairies puis les châtaigniers et les pins. A la sortie d'un petit bois, les ruines imposantes du château surgissent, dans un site abrupt. En vous dirigeant vers lui, vous rejoignez la petite route goudronnée que vous prenez à droite sur 50 m et tout de suite à gauche avant le hameau de Nant-Paillez ②. Le sentier du GR monte en serpentant jusqu'à un ruisseau puis longe une clôture bordée de magnifiques châtaigniers, dont plusieurs centenaires. Dans un tournant, vous passez au milieu des ruines du hameau de la Rochette. Une belle voûte en pierre attire le regard. Le sentier serpente entre les blocs de pierre vers les premières cascades qui ruissellent le long des rochers, à proximité d'un beau merisier. En suivant les marques du GR à gauche, vous remontez le long des cascades qui coulent sur les dalles rocheuses et gagnez une esplanade située au-dessus du château. De là, vous pouvez à loisir admirer sa silhouette se détacher sur le ciel,

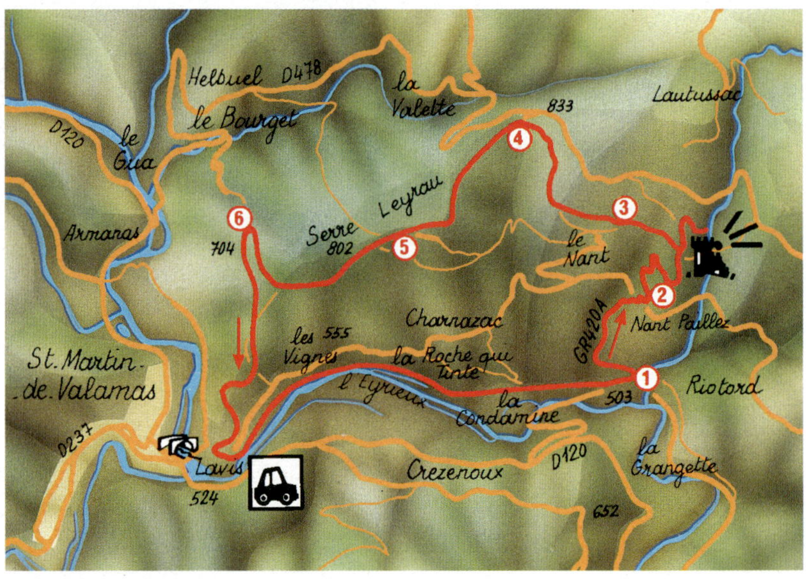

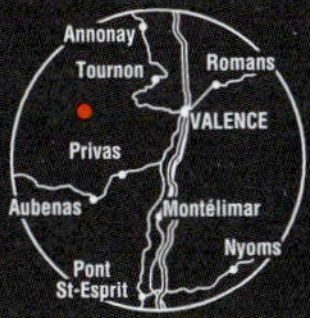

pans de mur dressés, tour de guet, fenêtres ajourées... Si vous êtes monté vers la fin de l'après-midi, vous le verrez merveilleusement éclairé par les derniers rayons du soleil couchant ! De là vous pouvez admirer un des plus beaux panoramas sur la vallée de l'Eyrieux et les sommets, y compris le mont Mézenc. Le troupeau de chèvres apparemment familiarisé avec ce site grandiose est souvent installé dans les ruines...

Vous redescendez le long des cascades, puis aux ruines du hameau et prenez dans un tournant un chemin balisé bleu et blanc (les marques ne sont visibles qu'à 50 m) qui s'oriente à droite vers l'ouest. C'est votre chemin de retour. Sur le parcours il traverse d'autres cascades, puis atteint un carrefour où vous laissez à gauche la voie goudronnée qui redescend directement à Saint-Martin, pour vous engager sur le chemin de droite ③. Il s'élève à travers les fougères puis passe en corniche au-dessus d'un paysage sauvage, en direction d'une petite route qu'il faut prendre à gauche vers Les Blaches (ou Tavaste) ④. Dans le dernier tournant avant la ferme, vous prenez le chemin qui se présente dans l'alignement de la route ⑤. Il s'enfonce dans les genêts, puis dans un bois de merisiers et de pins, qui ménage de belles échappées sur le village de Saint-Martin de Valamas en contrebas. Vous traversez un bois d'acacias, passez une clôture que vous prendrez bien soin de refermer. Après un grand tournant en épingle à cheveux à gauche ⑥, vous repassez un peu plus bas dans les acacias. Vous descendez au milieu des genêts vers le château de Lavis, dont vous observerez le bel appareillage de pierre. Vous voici de retour à Saint-Martin.

A gauche, des chèvres dans les ruines du château.
A droite, le château de Rochebonne.

Citadelle du vertige

Le château de Rochebonne couronne un des nombreux dykes volcaniques de la région des Boutières : un site abrupt, égayé par le ruissellement d'immenses cascades. Tel un veilleur, son donjon se dresse fièrement au-dessus des collines, face aux sommets des hautes terres, Suc de Sara, Gerbier de Jonc, mont Mézenc. Le rocher qui le soutient est fendu en deux, laissant apparaître au milieu une gorge occupée par la végétation. Édifié au XIe siècle, il fut occupé par le seigneur Pons de Brion. Le prieuré de Saint-Martin qui venait de s'installer à proximité s'était mis sous sa protection. Son rôle militaire fut important pendant les guerres de religion, où catholiques et protestants se le disputèrent. Le chef protestant Lacroix le reprit en 1577 au chef catholique, le seigneur Pons de Rochebonne. Il fut pillé et détruit quelques années plus tard.

Il faut monter voir ce site grandiose et solitaire et apprécier l'audace des seigneurs qui ont élevé là ce vertigineux nid d'aigle.

Saint-Martin de Valamas.

Panicaut champêtre ou chardon roland

Carline acaule

28 BEAUCHASTEL ET LE CIRCUIT DE L'ECHINE D'ANE
le vieux village, le chemin des crêtes

A 16 km au sud de Valence, au départ d'un des plus jolis villages de la vallée de l'Eyrieux, une balade sur les crêtes qui surplombent un panorama magnifique sur le Rhône.
Un enchantement ! A faire à la floraison des pêchers.

fiche technique

Longueur : 6 km
Dénivelé : 285 m
Durée : 2 h
Difficulté : pente assez forte sur le sentier de l'Echine d'Ane avec de courts passages dans des buissons épineux
Période : toutes saisons, de préférence au printemps, à la floraison des pêchers
Équipement : randonnée légère
Point d'eau : Beauchastel
Balisage : jaune ; jaune et bleu
Carte Michelin : n° 246 pli 20
Carte IGN : 1/25000 n° 3036 ouest Saint-Péray
A voir aux environs : Charmes-sur Rhône, son château en ruine, son campanile du XIVe s. Le village de Rompon et son point de vue sur le Rhône au lieu-dit «le couvent des chèvres». Soyons, sa tour, reste d'un ancien oppidum et son musée.

itinéraire d'accès

Vous quittez Valence par l'ouest, franchissez le Rhône et par la D 533 puis la N86, descendez en rive droite vers La-Voulte. 1 km après le hameau de Château Rouge, vous prenez à droite la D 121 vers Beauchastel et stationnez sur les bas-côtés de la route menant au vieux village, au-dessus d'un verger de pêchers.

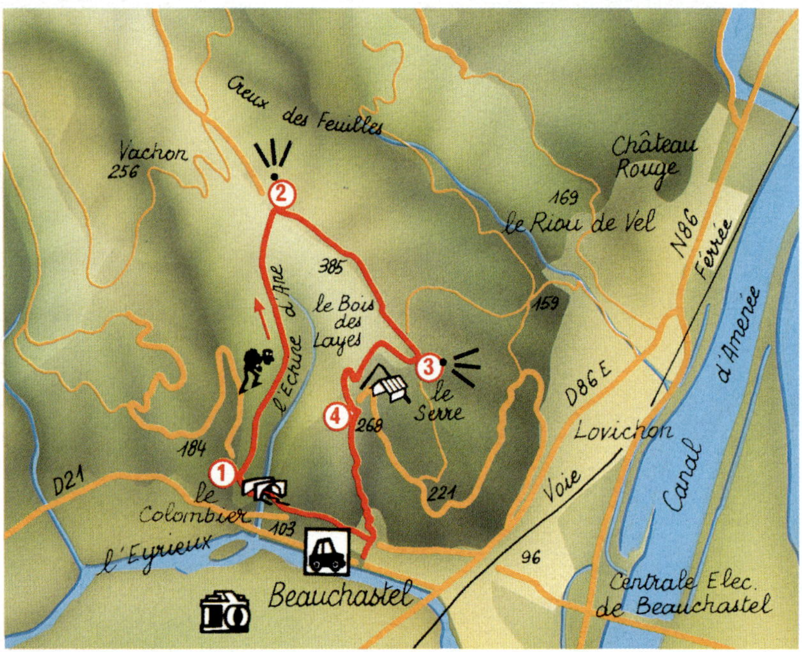

description

Vous montez vers le vieux village étagé sur sa colline et trouvez à gauche de la place de l'église, la rue du Terras, où débute la balade (balisage jaune). En la suivant vers l'ouest, vous traversez un quartier de maisons qui gardent quelques vestiges de fortifications et d'anciens murs en galets. A une première bifurcation, vous empruntez à droite le chemin qui passe au-dessus du cimetière en terrasse et progresse vers un petit pont de pierre. A 1 km environ du départ, après une grande boucle du chemin, vous devez le quitter pour une toute petite sente à peine visible à droite ①. (Ce moment nécessite de votre part un minimum de vigilance). Son départ est matérialisé par un balisage jaune et bleu sur un arbre et une pancarte portant la mention : «sentier de l'Echine d'Ane». Le sentier se faufile dans la végétation et gravit la colline dans un taillis de chênes-verts et de chênes pubescents. Pour ne pas le perdre, soyez bien attentifs aux marques jaunes et bleues tout au long de ce parcours. A la sortie du bois, il se fraye un passage dans des buissons, parfois un peu épineux. Attention aux jambes dénudées ! La pente s'accentue. Les crêtes se dévoilent. La sente s'élève au milieu des genêts vers un pylône électrique et rejoint une clôture. Vous la longez sous la ligne à haute tension jusqu'à la rencontre avec le «chemin des crêtes» balisé jaune, que vous allez prendre à droite ②. Il s'abaisse sur la croupe dénudée, exposée aux vents, où seuls poussent quelques ge-

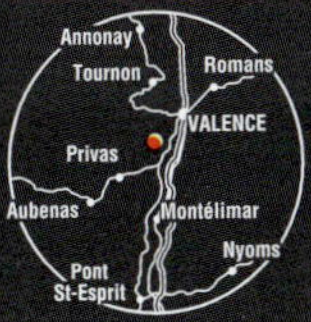

névriers et de rares touffes de genêts. Un paysage panoramique s'offre largement sur le vallonnement des collines. Au-delà de la vallée du Rhône, se dressent les sommets du Vercors, de la Drôme et des Alpes. Le chemin en pente douce atteint un grand virage à droite ③ d'où un point de vue magnifique apparaît sur une grande boucle du Rhône à l'endroit où il se sépare du canal d'amenée. Les cours d'eau déroulent nonchalamment leur large ruban bleu sur des kms. Un tableau superbe ! Vous descendez vers la ferme-auberge, visible en contrebas. Avant vous, ce chemin a été emprunté par des moutons qui ont laissé des traces de leur passage... Vous les croiserez peut-être. Juste avant la ferme, vous abandonnez le large chemin pour descendre à droite ④ par celui qui dévale la colline dans une chênaie, puis contourne d'anciens vergers et une vigne. La vue porte maintenant sur la vallée riante de l'Eyrieux et ses vergers, roses à la floraison. Vous apercevez le donjon. Il est facile de s'en approcher à gauche et de reconnaître le paysage sur une table d'orientation. Vous descendez dans le théâtre en plein air, dont une fenêtre ouvre sur les toits qui se superposent. De là, vous gagnez la Maison du Patrimoine, puis de coquettes ruelles où il fait bon flâner. Prenez le temps de partir à la découverte des passages voûtés, des jolies tourelles, des escaliers pleins de charme et des terrasses fleuries. La cloche se balance dans le clocher-tour. Vous êtes arrivé sur la place de l'église, votre point de départ.

Le village de Beauchastel.
Le sentier de l'Echine d'Ane.
Ferme-auberge.

La tour de Beauchastel.

La Maison du Patrimoine

Dans les hauteurs du vieux village, «Confluence», la Maison du Patrimoine, invite le promeneur à se pencher, documents à l'appui, sur l'histoire du village et le développement de l'arboriculture fruitière locale. Elle propose aussi de faire connaissance avec un personnage tout à fait original dénommé Alphonse Gurlhie (1862-1944) qui construisit dans son jardin un orchestre en béton armé. «Confluence» présente aussi les filets de pêche de l'artiste qui prétendait vivre de la pêche dans le Rhône ou l'Eyrieux et y trouver des langoustes, voire de l'or !

Pour voir la vie en rose

La vallée de l'Eyrieux et les vallées voisines sont au printemps dominées par la couleur rose : celle des pêchers en fleurs dont les vergers tapissent le fond et le bas des versants. La fin du mois de mars est la meilleure période pour découvrir l'enchantement et la magie des teintes qui vont du rose au pourpre et au carmin. Le développement de la culture du pêcher dans la vallée de l'Eyrieux remonte à plus d'un siècle. Au début des années 1880, les premières plantations voient le jour à Beauchastel. Les conditions écologiques de cette vallée se révèlent favorables au pêcher : rares gelées de printemps, abri du mistral ou des vents de sud, sols profonds, légers et frais, températures estivales permettant une bonne maturation des fruits. C'est le succès ! Regain d'activité après le déclin de la vigne (phylloxéra) et du ver à soie, les vergers s'étendent progressivement dans la vallée de l'Eyrieux et aussi à d'autres vallées affluentes du Rhône et à celle du Rhône elle-même. Depuis les années 1950, on assiste à une certaine régression de la culture du pêcher, notamment sur les coteaux, phénomène accentué par les récentes techniques de mécanisation de la récolte. La seule vallée de l'Eyrieux produit aujourd'hui 12 000 tonnes de pêches annuelles.

La vallée du Rhône : un grand verger

A côté du vignoble des Côtes du Rhône aux crus renommés, les cultures fruitières transforment au printemps la vallée du Rhône en un séduisant jardin. Il s'y récolte le 1/3 de la production fruitière française. Outre les petits fruits rouges, framboises, groseilles, cassis, la vallée du Rhône fournit une production très variée de cerises, abricots, poires et pommes, sans oublier, bien sûr, les pêches dont les vergers délicatement colorés au printemps font la réputation de Beauchastel.

Les toits de Beauchastel.

29 LA CORNICHE DE L'EYRIEUX ET LE CHATEAU DE PIERREGOURDE

le vieux village de Saint-Laurent du Pape, la corniche de l'Eyrieux, les ruines du château.

A 19 km au sud-ouest de Valence, une balade vivaroise mémorable qui vous fera monter de la riante vallée de l'Eyrieux aux sauvages croupes montagneuses d'où vous découvrirez un panorama immense.

fiche technique

Longueur : 10 km
Dénivelé : 450 m
Durée : 3 h
Difficulté : néant
Période : toutes saisons
Équipement : randonnée légère
Point d'eau : néant
Balisage : jaune (2 traits), rouge et blanc du GR 42

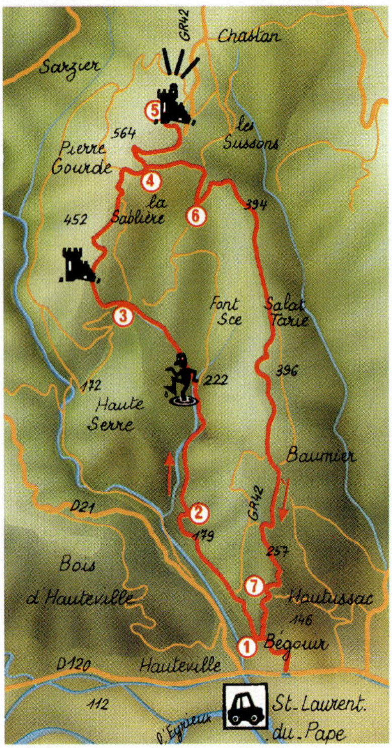

Carte Michelin : n°246 pli 20
Carte IGN 1/25000 : 3036 ouest Saint-Péray
A voir aux environs : La Voulte-sur-Rhône, son vieux village, son château détruit lors de la dernière guerre.

itinéraire d'accès

Vous quittez Valence par l'ouest, franchissez le Rhône et par la D 533 puis la N 86 descendez en rive droite vers La Voulte. Un km après le hameau de Château Rouge, vous prenez à droite la D 121 vers Beauchastel et Saint-Laurent-du-Pape. Vous laissez le vieux village de Beauchastel sur votre droite, traversez le village de Saint-Laurent du Pape en direction du Cheylard. A la sortie du village, vous garez votre voiture sur un parking situé à droite de la D 121 au départ de la petite route de Baumazet, 250 m avant le carrefour de la D 121 qui monte à Vernoux.

description

Un chemin goudronné portant un balisage jaune (2 traits) monte vers le hameau et décrit un virage à gauche entre de belles maisons aux murs de galets, puis un virage à droite. Vous le suivez jusqu'à une première fourche où vous descendez à gauche le long d'un mur de pierre, avant d'obliquer à droite, 20 m après, sur un chemin non revêtu ①. D'abord de niveau, le chemin progresse au dessus du vallon du ruisseau de la Crotte et passe quelques jeunes micocouliers. Sous un bouquet de pins maritimes, se cache une belle citerne voûtée en pierre. Le chemin monte en pente régulière et traverse un petit vallon. Après un virage à droite il parvient à un col

La sauterelle éphippiger.

occupé par un verger. Vous tournez à gauche ② pour monter en corniche au-dessus d'une belle gorge creusée par le ruisseau de Font qui, à la saison humide y dégringole en cascade. Traversant un bois de chênes blancs et verts, le chemin se rapproche du lit du ruisseau pour le traverser au niveau d'un gué et remonter en rive droite du vallon de Préneuf. La pente s'accentue. Quelques châtaigniers font leur apparition. Vous atteignez un replat non boisé, carrefour de plusieurs sentiers. Négligeant la voie de gauche balisée en jaune, vous choisissez de monter tout droit par un sentier également marqué jaune ③ qui s'oriente à l'ouest puis au nord, en surplomb au-dessus du ravin de Méllière. Après avoir dépassé la ruine de Geisseires, vous découvrez droit devant vous, la silhouette du château. Vous montez à travers prés en suivant les traces des troupeaux pour atteindre une haute clôture que vous longez : la ferme de La Sablière a pour spécialité l'élevage de lamas que vous pourrez probablement apercevoir. Continuant la montée, vous prenez un chemin de terre qui après quelques lacets, tourne à droite vers la bergerie ④ puis à gauche, en laissant la ferme sur la droite. Dans cette partie de l'itinérai-

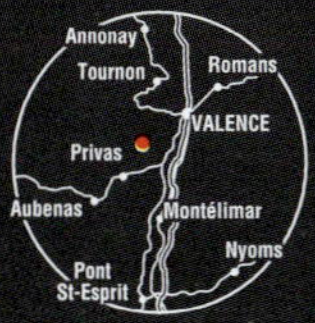

re, soyez attentif au troupeau (chiens en laisse) et respectez la tranquillité des exploitants. Vous atteignez bientôt le site du château féodal ⑤ dont la construction serait antérieure à 1200 et qui aurait été détruit en 1630 sur ordre de Richelieu, pour éviter qu'il ne devienne un bastion pour les protestants pourchassés, la famille de Pierregourde ayant pris parti pour la Réforme. Au pied des rochers supportant le donjon, vous découvrez les ruines des corps de logis et des pans de murs fortifiés de l'ancien village. Le site est grandiose et le panorama immense : vers l'est et le sud-est les barres du Vercors et au loin les Alpes, les Préalpes du Sud avec les Trois Becs, les Baronnies et jusqu'au Ventoux et la basse vallée de l'Eyrieux ; en vous retournant, la trouée de la haute vallée de l'Eyrieux surplombée par les échines déchiquetées des serres avec à l'horizon le sommet du Mézenc ; et au sud l'ensemble de serres sauvages séparant la vallée de l'Eyrieux de celle de l'Ouvèze.

La descente s'effectue par le tracé du GR 42. Vous redescendez à la bergerie ④ et suivez à gauche l'itinéraire du GR, d'abord horizontal sur environ 500 m. Vous passez devant la ruine de Manson, laissez à gauche le chemin qui va à la ferme des Sussons et descendez à droite en vous dirigeant vers la forêt. Le chemin dessine une épingle ⑥, contourne le bois et descend le long de la serre de Baneirol. Il traverse une forêt de pins tout en ménageant des vues dégagées. Remontant légèrement, vous atteignez la clairière de Baumier avant de redescendre dans une belle forêt de pins. A travers un bois de chênes verts et de pins, le chemin descend jusqu'à une lisière ; vous laissez le GR partir à gauche ⑦ pour continuer la descente vers les hameaux de Begouir et de Baumazet, votre point de départ.

Le château de Pierregourde.

Le château du Bousquet.

Le lama de La Sablière.

30 LE SERRE DE PEYREMOURIER
les Ollières, le Pertus du Soufre, Conjols, les bords de l'Eyrieux

A 35 km au sud-ouest de Valence, une balade sur les hauteurs qui dominent la vallée de l'Eyrieux : de loin sur des sentiers en corniche ou de près sur l'ancienne voie de chemin de fer, des vues superbes sur les eaux miroitantes de la rivière.

fiche technique

Longueur : 10 km
Dénivelé : 300 m
Durée : 4h
Difficulté : orientation sur des sentiers envahis par la végétation
Période : toute l'année
Équipement : randonnée classique
Point d'eau : Les Ollières-sur-Eyrieux
Balisage : jaune, rouge et blanc
Carte Michelin : n° 246 pli 20
Carte IGN 1/25000 : n° 2936 et 2937 est
A voir aux environs : Chalencon, village médiéval qui conserve quelques vestiges de fortifications, fut ensuite une importante cité huguenote. De la terrasse située en son centre, très belle vue sur les gorges de l'Eyrieux.

itinéraire d'accès

Vous quittez Valence par la rive droite du Rhône (N 86). A Beauchastel vous suivez la vallée de l'Eyrieux à droite par la D 120. Arrivé aux Ollières après 20 km, vous entrez dans le village et montez à droite vers la place de l'église où vous pourrez vous garer.

description

Vous passez le long de l'église et poursuivez tout droit la petite route qui traverse un quartier d'habitations. 200 m environ après ①, elle croise un chemin que vous remontez à gauche jusqu'à deux maisons. En face, le balisage jaune vous invite à prendre à main droite un sentier herbeux qui se faufile dans les vergers de cerisiers puis longe une vigne, avant de remonter à gauche vers la Viallerie. Au pied du hameau que vous laissez sur votre gauche, vous longez un grillage et traversez un ruisseau pour vous diriger en longeant une barrière vers une zone boisée. A un petit col, vous rencontrez l'itinéraire du GR, balisé

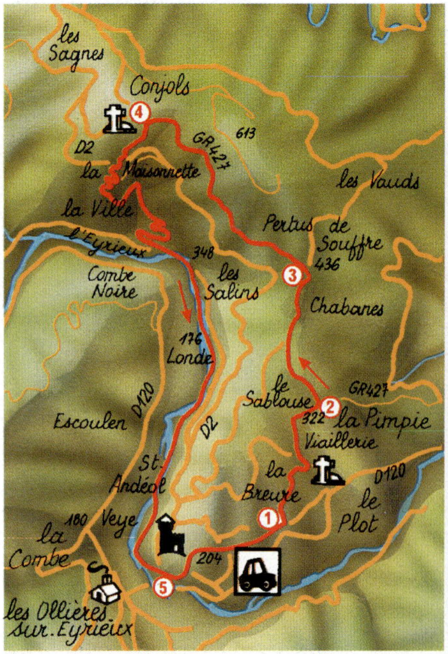

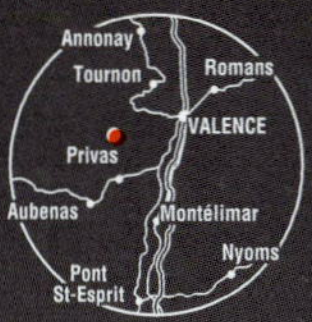

rouge et blanc ②, que vous suivez à gauche dans un bois de pins jusqu'à deux maisons bien situées au-dessus de la vallée de l'Eyrieux, puis sur une petite route à droite. A proximité d'un réservoir et avant le Pertus du Soufre, le sentier balisé emprunté par le GR quitte la route sur la gauche ③. Une pancarte indique aussi la direction des «Buffes», (tout près de Saint-Michel de Chabrillanoux). Vous vous engagez sur ce sentier qui passe en terrain accidenté au pied de la serre de Peyremourier. Ce parcours sauvage à travers bois, landes de genêts et pierriers se déroule en corniche au-dessus de la vallée de l'Eyrieux, ses gorges, ses barrages et ses rapides. Certaines vues aériennes sont de toute beauté. Vous arrivez au joli hameau de Conjols que vous traversez. Après avoir dépassé un banc installé devant le panorama et avant les deux dernières maisons, vous cherchez sur la gauche le petit sentier descendant en oblique à gauche qui indique «la Ville» ④. En observant maintenant avec beaucoup d'attention les marques jaunes qui vont vous guider jusqu'à la fin de la balade, vous vous dirigez à droite le long d'un grand mur et de quelques terrasses. Le sentier descend en lacets dans les châtaigniers jusqu'à la route que vous traversez pour trouver en face un bon chemin empierré qui serpente jusqu'à la maison de la Ville et s'abaisse vers les bords de l'Eyrieux. Vous trouvez l'ancienne voie ferrée dépouillée de ses rails ⑤, bon chemin régulier qui domine de quelques mètres la rivière et ses cascades, un parcours très agréable au-dessus de l'eau, agrémenté au printemps, par les belles grappes blanches odorantes des bouquets d'acacias. Vous laissez le camping sur votre droite, passez devant l'ancienne gare et tournez à gauche vers le cimetière pour gagner le village et l'église des Ollières.

A gauche, le serre de Peyremourier.
Ci-contre, le hameau de Conjols.
Le barrage et les gorges de l'Eyrieux.

Le cours de l'Eyrieux

Né dans les hauts plateaux vivarois, à 1120 m d'altitude, au nord de Saint-Agrève, l'Eyrieux dégringole à la façon d'un torrent le pays boisé des Boutières, puis s'enfonce dans des gorges plus ou moins étroites, avec des bassins et des étranglements, jusqu'à son débouché dans la vallée du Rhône. Sa pente forte occasionne au moment des pluies diluviennes d'automne, une augmentation considérable de son débit, provoquant parfois des crues redoutables.

Le pont des Ollières

Les gorges de l'Eyrieux n'ont pas toujours été accessibles. Les anciennes routes les évitaient en passant sur les crêtes, car la construction de ponts enjambant l'Eyrieux a toujours été rendue difficile en raison des fortes crues. Le pont médiéval des Ollières est mentionné en 1284. Il reliait Privas à Tournon. Une crue en emporta une arche en 1720 et il fallut alors pendant plus d'un siècle avoir recours à des passeurs. En 1857, un pont suspendu fut construit, juste après qu'une crue terrible ait emporté les barrages de la vallée. Ce pont était soumis à un péage, y compris pour les têtes de bétail. Le trafic s'étant considérablement développé, on dut envisager la construction du pont actuel sur l'emplacement du pont du XVIIIe, ce qui nécessita la destruction de tout le quartier du temple. Un obstacle redoutable à la communication entre les hommes fut levé en 1892, année de l'inauguration du nouveau pont qui est maintenant couramment emprunté.

Balade suivante : les chèvres angora du hameau du Col et une curiosité anthropomorphe de la nature : l'orchidée "homme-pendu".

31 LE ROCHER DE CORBIÈRES À SAINT-PIERREVILLE
le pont de Moyère, les hameaux de Talussac et du Col

A 52 km à l'ouest de Valence, un très beau circuit qui emprunte la route historique des Dragonnades au-dessus de la vallée sauvage de la Gluyère et traverse un hameau où l'on peut voir un élevage de chèvres angora

fiche technique

Longueur : 7,5 km
Dénivelé : 328 m
Durée : 3 h
Difficulté: aucune
Période : demi-saison, été
Équipement : randonnée classique ; maillot de bain pour la Gluyère
Point d'eau : Saint-Pierreville
Balisage : jaune
Carte Michelin : n°246 pli 20
Carte IGN 1/25000 : n° 2936 ouest

itinéraire d'accès

Vous quittez Valence par la rive droite du Rhône (N 86). A Beauchastel vous suivez la vallée de l'Eyrieux à droite (D 120) jusqu'à Saint-Sauveur de Montagut où vous tournez à gauche (D 102) direction Mézilhac. Vous faites 12 km le long de cette route touristique qui serpente le long de la Gluyère aux eaux limpides et négligez à gauche, 2 embranchements conduisant à Saint-Pierreville. Arrivé à une large boucle dessinée par la route, vous stationnez à proximité du carrefour avec la petite route qui descend en oblique à gauche vers le pont de Moyère sur la Gluyère.

description

Un chemin balisé jaune démarre sur la droite de la route départementale et monte à travers champs. Il dessine quelques lacets avant de rejoindre la petite voie goudronnée que vous prenez à droite ① vers Talussac. A l'ombre des noyers, vous entrez dans le hameau que vous allez traverser, en observant ses maisons en pierre, bien retapées. A la sortie, vous empruntez une voie en partie pavé, le «chemin des dragonnades» qui s'élève au milieu des genêts. Le rocher des Corbières apparaît au loin, dominant le paysage et le hameau du Col. Vous grimpez au milieu des châtaigniers jusqu'à un croisement où un détour de 200 m AR à droite permet d'avoir un point de vue sur la vallée de Roubuol et quelques hameaux dispersés, le

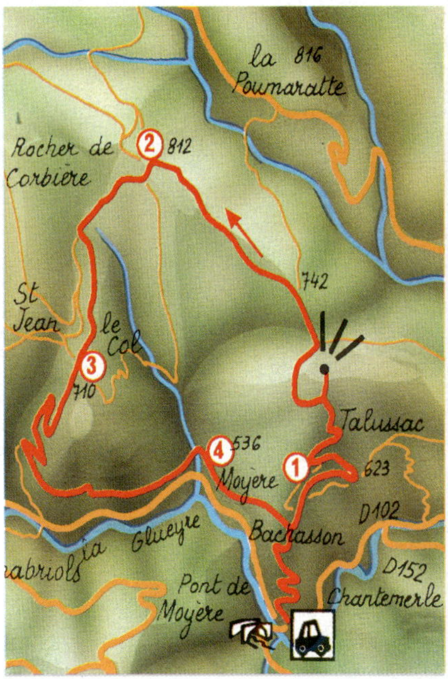

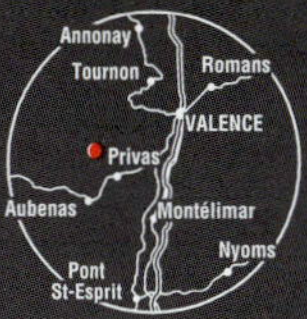

Champ, la Poumaratte, le Monteillet. Vous redescendez au croisement pour prendre l'autre chemin qui va bientôt s'enfoncer dans une forêt de pins, parcours agréablement ombragé l'été. Vous longez un ancien parc à sangliers et surveillez sur votre gauche, le départ d'un sentier balisé jaune. Quittant le large «chemin des dragonnades» qui continue tout droit, vous empruntez à main gauche l'étroit sentier qui descend dans la végétation ②. A la sortie d'un sous-bois il débouche en face du rocher de Corbières, immense roc dressé qui impose sa fière silhouette. Le paysage s'ouvre sur l'immensité du plateau ardéchois et par beau temps même sur les massifs des Alpes. Le sentier se glisse sous le rocher. Encore quelques descentes un peu pentues au milieu des genêts et vous arrivez au hameau du Col ③. Le troupeau de chèvres angora vous attend : les yeux parfois disparaissent sous l'épaisseur des toisons blanches et bouclées qui une fois tondues et traitées donneront le mohair. Isabelle ou Pascal vous accueillent à certaines heures pour vous faire visiter l'élevage et une exposition-vente qui présente écheveaux, tricots, châles et couvertures en fibre naturelle. Vous reprenez la petite route qui descend en lacets au milieu des châtaigniers. Au carrefour, juste avant de rejoindre la route départementale, vous montez à gauche ④ vers la belle ferme de Moyère et poursuivez en direction de Talussac jusqu'à la rencontre, dans un grand tournant à gauche, avec le chemin emprunté à l'aller. Il redescend à droite vers le pont de Moyère.

A gauche, le hameau de Talussac.
Ci-contre, le rocher de Corbières, la fenêtre d'une maison de Talussac et un mouton, comme après une "permanente".

La Maison du Châtaignier

Symbole de l'Ardèche, le châtaignier a maintenant «sa» maison. Ce magnifique arbre dont les fruits ont été à la base de la nourriture de plusieurs générations de paysans, méritait bien d'être mis en valeur à Saint-Pierreville. C'est là où pousse la Comballe, une des variétés de châtaignes traditionnelles les plus appréciées. Trois niveaux d'expositions retracent dans ce musée, l'histoire d'une relation privilégiée entre l'homme des rudes pentes ardéchoises et «l'arbre à pain». Dés le XVIe siècle, les châtaigneraies se développent en Ardèche, jusqu'à atteindre à la fin du XIXe leur expansion maximum, pour diminuer ensuite sous l'effet des maladies des arbres et de l'exode rural. L'Ardèche demeure, malgré tout le premier département français pour le châtaignier, présent sur plus de cent communes et exploité par près d'un millier d'entreprises. D'importants efforts sont entrepris depuis plus de 10 ans, pour réhabiliter la châtaigneraie, lutte contre les maladies, greffage, remise en état et création de cette «maison de la châtaigne» qui s'appuyant sur des documents, des objets, des pages d'archives, s'ouvre sur l'avenir de la châtaigneraie.

La Maison du Châtaignier. Saint-Pierreville, Ardèche Tél. 75 66 64 33 et 75 66 64 64 - Ouvert en juillet, août tlj de 10h à 12h et 15h à 19h ; d'avril à novembre, mercredi, samedi, dimanche de 14h à 18h.

Ardelaine, un musée de la laine

C'est un voyage qui est proposé au pays du mouton et de la laine, un voyage dans le temps, avec la longue histoire de l'homme et du mouton, le premier geste de l'homme néolithique pour former le fil de laine, jusqu'aux techniques modernes d'aujourd'hui. Le musée guide le visiteur dans des espaces vivants qui présentent des animaux, des démonstrations de filage et un spectacle de santons animés racontant le travail de la laine depuis le mouton jusqu'au tailleur, dans un ancien village de l'Ardèche.

Ardelaine ouvert tous les jours du 8 juillet au 6 sept à 10h, 15h, 16h, 17h, les dimanche et jours fériés après-midi toute l'année sauf janvier et février. Association «Les Bergerades» - 07190 St PIERREVILLE Tél. 75 66 61 97

La fête des chiens de bergers

Vingt-trois chiens de quatre races différentes, berger des Pyrénées, berger de Beauce, berger de Brie, border Collie et leurs dix-neuf maîtres s'étaient donné rendez-vous à Saint-Pierreville le dernier week-end de juillet 94, pour le championnat de France de berger sur troupeau. Il s'agissait de les départager sur la conduite d'un vrai troupeau de moutons dans un parcours semé d'obstacles en tous genres. Les membres du jury devaient observer la rapidité du chien et ses qualités de vigilance et de travail. A l'occasion de ce concours, d'autres manifestations étaient organisées, comme des démonstrations de tonte de moutons ou d'héli-treuillage de chiens de pistage. Une chance pour Saint-Pierreville d'avoir été sélectionné pour cette compétition qui a rassemblé des foules de visiteurs.

Le hameau du col.

32 LES GROTTES DE LA JAUBERNIE ET LA FERME DE ST QUINTIN
le village de Coux, les Baumes, le tour des serres

A 40 km au sud-ouest de Valence, après la visite de grottes troglodytiques, la balade fait le tour des Serres qui dominent la vallée de l'Ouvèze, jusqu'à une ancienne ferme fortifiée flanquée d'une tour médiévale, d'où la vue est imprenable sur les crêtes environnantes

fiche technique

dénivelé : 400 m
durée : 4 h
difficulté : sans
période : demi-saison, été
équipement : randonnée classique, lampe de poche pour les grottes
point d'eau : à Coux
balisage : jaune, puis rouge
carte Michelin : n° 246 pli 20

carte IGN 1/25000 : n° 2937 est Privas
A voir aux environs : Privas, Préfecture de l'Ardèche : le pont Louis XIII, la tour Diane de Poitiers, le cloître des Récollets, le musée de la terre ardéchoise. Le musée du Vivarais protestant au Bouschet de Pransles. Le château de Liviers à Lyas.

itinéraire d'accès

Vous quittez Valence par l'autoroute du Sud direction Montélimar et sortez à Loriol pour prendre la direction de Privas par la vallée de l'Ouvèze (N 104). Arrivé à Coux, 2,5 km avant Privas, vous prenez en face du vieux pont à gauche qui donne accès au village, une petite route très étroite sur la droite que vous remontez sur 250 m. Dans un tournant en épingle, vous suivez à gauche la direction de Jaubernie et des grottes. La voie goudronnée serpente dans les vignes et les vergers entre les anciennes terrasses de culture, tournant le dos au joli village de Coux. Vous traversez le hameau de Jaubernie aux pittoresques maisons de pierre, avant de vous garer un peu plus haut à un croisement, sur une petite esplanade.

description

Un sentier, balisé jaune, s'orientant vers l'ouest, vous indique la direction des grottes. Vous le suivez sur des rochers plats, ornés l'été des taches mauves des bruyères en fleurs. Il contourne par la gauche une immense dalle de grès inclinée vers le sud (que vous emprunterez au retour à la descente) et, se dirigeant vers les grottes, passe en balcon au dessus du ravin des Baumes. Vous arrivez à la première grotte aménagée, que vous visitez. Le sentier balisé jaune passe sous les grottes, numérotées de 8 à 1, permettant de découvrir chacune de ces étonnantes demeures. L'accès à certaines nécessite une petite grimpette. On sait qu'elles ont été aménagées et fortifiées aux XVe et XVIe siècles par les protestants de la région, pour servir de refuge pendant les guerres de religion. Elles auraient ensuite été utilisées épisodiquement. Vous y découvrirez des murs de défense avec meurtrières et des galeries qui parfois leur permettent de communiquer entre elles. La dernière grotte, dans laquelle on pénètre par une belle porte décorée, s'ouvre sur une vaste salle avec cheminée, éclairée par des fenêtres. Le sentier s'élève dans les buis vers la ferme des Baumes que vous laissez à votre gauche, pour vous diriger vers le sommet de la grande dalle de grès. Un panorama superbe vous attend sur le village de Coux et la ville de Privas toutes deux blotties au creux des montagnes. A partir de là, vous allez suivre le circuit des serres, balisé rouge, menant à la ferme de Saint-Quintin. Vous dirigeant vers le nord, vous arrivez à la croisée de 4 chemins où vous choisissez en face ①, le large chemin d'exploitation qui monte dans la forêt. Après un grand lacet, il cesse d'être revêtu et, devenu pierreux, s'enfonce dans un bois de châtaigniers. Il dessine encore deux boucles avant de s'avancer en balcon au-dessus d'un ravin. Tout au fond, coule le ruisseau des Baumes qui laisse entendre son murmure. Remontant le long du cours d'eau, vous le traversez à gué et vous élevez toujours en sous-bois vers une ruine, puis une zone dégagée, les Courtiolles. Les serres environnantes apparaissent, serre de Lyas à l'ouest, serre de la Pise à l'est, serre de l'Eglise au nord. Vous rejoignez à un carrefour ②, un chemin balisé qu'il faut prendre à droite, pour contourner la serre de l'Église et arriver à la ferme de Saint-Quintin. Malheureusement

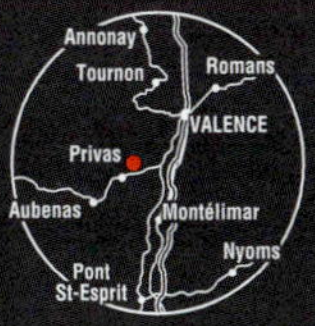

en ruine, cette belle ferme ancienne qui dépendait, dit-on, du château de Bavas, a conservé ses fortifications et sa tour médiévale. De l'édifice, vous apercevez à 500 m environ, un sommet dégagé portant les croix de Gruas. La vue y est encore plus saisissante : le panorama embrasse toutes les serres environnantes. N'hésitez pas à faire le détour... Revenu à St-Quintin, vous devez chercher l'étroit sentier, toujours balisé rouge, qui se cache sous la route ③ et dégringole à travers la végétation et les broussailles. Il serpente ensuite dans un bois de chêne pubescents et rejoint un chemin plus large qui contourne le serre de Lagau, avant d'atteindre les hauts des Plaines, très joli hameau aux maisons de pierre. Surplombant le hameau, vous continuez sur la petite voie anciennement revêtue que vous quittez après 300 m, dans un virage, pour prendre à droite ④ un bon chemin qui serpente dans les châtaigniers. Il descend vers la ferme des Baumes où vous retrouvez la croisée des chemins ① puis la grande dalle, qui constitue plus ou moins le «toit» des grottes. Vous pouvez y observer les vestiges de l'extraction et du façonnage des meules en pierre, destinées aux moulins. Un ouvrage fantastique ! Vous redescendez ensuite la dalle sur toute sa longueur, en suivant les traces rouges. (Tenez bien la main des enfants si vous vous approchez des bords qui sont parfois en surplomb). En bas, vous retrouvez le chemin rocheux, balisé jaune, emprunté à l'aller, qui, longeant le bas de la dalle à gauche, vous ramène à votre véhicule.

Le village et le pont de pierre de Coux.
La ferme fortifiée.
Les grottes de la Jaubernie.

La maison natale de Pierre et Marie Durand

Le musée du Vivarais protestant est installé au Bouschet de Pranles dans la propre maison de ces deux héros, résistants et martyrs pour leur foi : Pierre Durand (1700-1732), restaurateur des Églises réformées en Vivarais arrêté et exécuté pour sa foi à Montpellier, Marie Durand, sa sœur (1711-1776), la célèbre prisonnière de la Tour de Constance à Aigues-Mortes, arrêtée à 15 ans, qui «résista» pendant trente huit ans, avant de revenir dans sa maison natale. Le musée concrétise le témoignage des huguenots de cette époque et présente une maison forte du XVe siècle de type purement ardéchois des Boutières, entourée de châtaigniers et construite sur la pente avec des escaliers et des cours. A l'intérieur, on visite la cuisine avec sa magnifique cheminée voûtée et moulurée, derrière laquelle pouvait se dissimuler le pasteur ; la chambre où sont rassemblés divers documents souvenirs et des Bibles ; la cave par laquelle on pouvait s'enfuir. La bergerie est encore utilisée comme lieu de culte, de rencontre, ou de concert. Le paysage immense et solitaire sur la vallée de l'Eyrieux et le volcan de la Pize, avec en toile de fond les massifs des Alpes, donne une idée de la vie de l'époque.

Maison de Pierre et Marie Durand ; Pranles - 07000 Privas
Tél : 75 64 22 74 .
Ouvert tlj du 15 juin au 15 sept et les samedi et dimanche de Pâques à la Toussaint .

Les hérons cendrés

Ils nichent en colonies mixtes dans des secteurs tranquilles de l'Ouvèze depuis plusieurs années. Leur nid, la «héronnière» est installé en haut des arbres, à l'abri des regards. Leurs ailes arrondies se déploient avec lenteur et leur cri attire l'attention quand ils se déplacent le matin ou le soir. Pêcheurs confirmés, ils trouvent dans la vallée de l'Ouvèze des milieux favorables à leur nourriture. Il leur arrive d'aller à la pêche sur les bords même de l'Ouvèze ou, amateurs de plus grands espaces, de s'envoler vers les territoires plus éloignés de la vallée du Rhône. Comme les autres échassiers de la famille des hérons, ils sont protégés par la loi.

Balade suivante : le tour du mont Mézenc.

33 LE TOUR DU MONT MÉZENC

les croix de Boutières, de Mézenc et de Peccata

A une centaine de km à l'ouest de Valence, l'ascension et le tour du plus haut sommet de l'Ardèche, cet ancien volcan de 1753 m, belvédère unique sur les montagnes environnantes. Une balade exceptionnelle.

fiche technique

Longueur : 14 km
Dénivelé : 425 m
Durée : 5 h
Difficulté : longueur, absence de balisage d'un court tronçon
Période : été, par beau temps uniquement ; éviter absolument les jours de brouillard
Équipement : randonnée de montagne : pulls, anoraks (le vent souffle parfois très fort là-haut)
Point d'eau : sans
Balisage : rouge et blanc, bleu
Carte Michelin n° 246 pli 18
Carte IGN 1/25000 : n° 2836 est
A voir aux environs : La chartreuse de Bonnefoy. Le lac d'Issarlès aux rives abruptes, logé dans un cratère volcanique.

itinéraire d'accès

Vous quittez Valence par l'ouest, franchissez le Rhône vers Saint-Péray et gagnez Lamastre puis Saint-Agrève par la D 533. Vous poursuivez votre itinéraire vers l'ouest en empruntant à gauche la D 15, un km au nord de Saint-Agrève, sur laquelle vous allez roulez 13 km avant de prendre à gauche la D 500 (direction : Fay-sur-Lignon). Vous gardez cette même route après Fay-sur-Lignon pendant encore 13,5 km avant de prendre à gauche la D 15 vers les Estables. Vous traversez le village et par la D 631 gagnez en 3 km le col de la croix de Boutières. Vous garez votre voiture au rond-point.

description

Vous empruntez à gauche du chalet au toit de chaume, le chemin du GR balisé rouge et blanc. Il traverse un bois d'épicéas dont le sol est tapissé de myrtilles, fleurs d'arnica, œillets, bruyère, marjolaine. En vous retournant, belle vue sur le village des Estables en contrebas. Un premier sommet en forme de dôme et recouvert de pierres apparaît sur la droite, puis un second au loin, portant la croix de Mézenc. Le sentier progresse jusqu'à un premier carrefour ① indiquant sur un panneau la direction des sommets. Quittant un moment l'itinéraire du GR, vous suivez à droite le balisage bleu menant d'abord au point culminant de l'Ardèche (1753 m) ②. Une table d'orientation gravée sur lauze permet de déchiffrer le paysage. Un panorama immense : au sud, des quantités de sucs, dont le Gerbier de Jonc, dominant le plateau de l'Ardèche avec les Cévennes en toile de fond ; à l'ouest

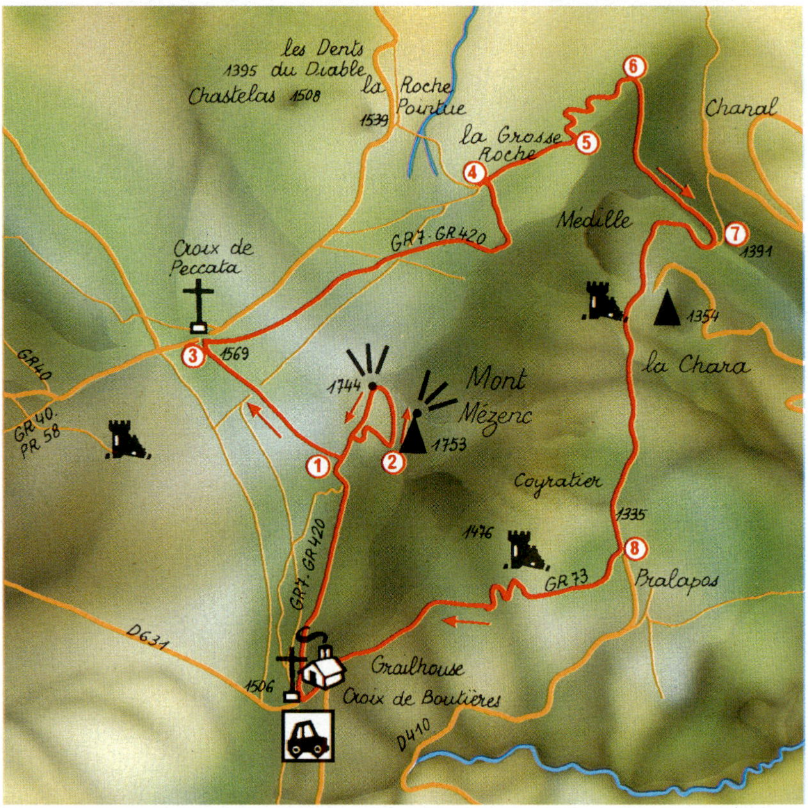

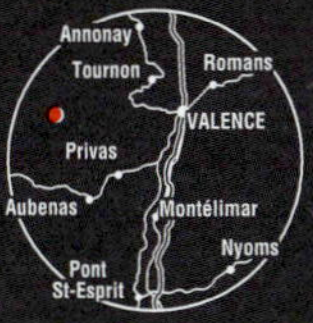

et au nord, le bassin du Puy, le Massif central, la Haute-Loire. Pour compléter le tour d'horizon, vous vous dirigez vers la table d'orientation est, d'où la vue porte sur la région des Boutières avec ses multiples crêtes séparées par des vallées profondes et au-delà, la chaîne des Alpes avec ses principaux sommets. En revenant par un sentier (balisé bleu) délimité par des pierres plantées, vous passez par un replat pour gagner le sommet (1749 m) qui porte la grande croix du Mézenc. De là, vous redescendez jusqu'au carrefour avec l'itinéraire du GR ①, pour entreprendre maintenant le tour du volcan. En suivant à droite le balisage rouge et blanc, vous descendez en forêt un large chemin barré de marches en troncs d'arbres. Arrivé au carrefour de la croix de Peccata (la belle croix en pierre se trouve juste de l'autre côté de la route), vous prenez tout de suite à droite ③ la direction de Choralep, un large chemin dans un bois d'épicéas, dont le sol est tapissé l'été d'un parterre de fleurs multicolores, œillets, arnicas, épilobes. Vous marchez de niveau avant d'amorcer une légère descente et poursuivre tout droit à un embranchement, en suivant le GR vers la «Grosse Roche». A la sortie de la forêt vous arrivez au pied de ce massif rocheux ④. Veillez bien à laisser le GR partir à main gauche, tandis que vous choisissez à droite un sentier non balisé qui court entre la lisière de la forêt à droite et une clôture à gauche. A une centaine de mètres, une borne blanche marquée D sur un petit replat fait face à un balisage blanc sur un arbre mort. Vous suivez le sentier qui se resserre dans la végétation, épilobes, framboisiers, en longeant la clôture qui tourne bientôt à gauche. Vous continuez alors tout droit sur un raidillon qui monte à un petit sommet (1508 m) signalé par une seconde borne marquée D ⑤. De cette petite esplanade, vous apercevez les hauteurs du mont

Les cavaliers au sommet du mont Mézenc.
Le panorama exceptionnel des Cévennes.
Les croix de Peccata et de Boutières.

Mézenc à droite. Vous obliquez à gauche sur un sentier qui descend en suivant la crête vers la clôture que l'on retrouve en bas. Des marques blanches et rouges sur les arbres vont jalonner le sentier qui descend maintenant en lacets réguliers dans le bois. Arrivé à un layon (sur la gauche, à 50 m, vous apercevez la lisière de la forêt et les pâturages), vous descendez le chemin bien tracé à droite ⑥, dont les arbres portent des marques blanches (limites de parcelles). Quelques-uns couchés en travers du chemin obligent soit à les escalader, soit à les contourner par un chemin à gauche élargi par des travaux forestiers. Le chemin poursuit sa descente en pente régulière et à la sortie du bois rejoint l'itinéraire du GR ⑦. Le flanc ouest du Mézenc apparaît dans toute sa majesté au-dessus d'une vallée immense. Le chemin emprunté par le GR s'y engage, traverse un bouquet d'arbres et, avant d'atteindre la ferme des Médilles, bifurque à gauche dans un champ. Il rejoint la route qu'il faut prendre à droite sur 1500 m en dépassant les fermes de la Chara à gauche et Coyratier à droite. 300 m après, un chemin balisé rouge et blanc quitte la route à droite ⑧, pour s'élever en pente régulière à travers les prés. Le contournement du Mézenc par le sud offre des perspectives impressionnantes sur l'imposant massif dénudé, à l'ensellement caractéristique. Le chemin traverse un bois puis longeant la forêt passe en corniche au-dessus de la vallée, avant de rejoindre le col de la Croix de Boutières.

La chartreuse de Bonnefoy

Il fallait avoir le goût de la solitude pour s'installer sous le mont Mézenc, à 1345 mètres d'altitude, dans un lieu très venté et froid, que la neige recouvrait six mois de l'année. Construite au XIIe siècle par les frères chartreux ermites, disciples de Saint-Bruno, la chartreuse vécut dans une insécurité quasi continuelle. Pendant la guerre de cent ans les moines durent se réfugier dans la tour d'un château voisin. Dévastée pendant les guerres de religion, elle fut reconstruite au XVIIIe et détériorée à nouveau à la Révolution, puis vendue comme bien national. Rachetée par un particulier en 1884, sa façade principale du XVIIIe et son clocher furent restaurés, et une grande fête rassemblant plusieurs milliers de fidèles fut organisé en 1890 pour le centième anniversaire du départ des moines. Mais la dégradation se poursuivit. Aujourd'hui, la chartreuse de Bonnefoy, superbe vestige de l'architecture religieuse, continue de se détériorer, isolée au milieu d'une clairière de la forêt, au pied du mont Mézenc.

Une flore exceptionnelle

Au début de l'été, la montagne se couvre d'un manteau multicolore. Les conditions d'altitude et la présence de certaines plantes rares, font de la flore du mont-Mézenc un vrai régal pour le botaniste amateur ou pour quiconque est capable de s'émerveiller devant la beauté de la nature. Parmi tous les sommets du Massif Central, celui du Mézenc est le seul à posséder le rare séneçon leucophylle (c'est-à-dire à feuille blanche), encore appelé «herbe du Mézenc» dont les feuilles sont argentées et les fleurs colorées en jaune vif. Les narcisses tapissent somptueusement les pentes de la montagne au mois de juin. A la belle saison, la flore montagnarde, telle un feu d'artifice, éclate de toutes ses couleurs : trolles, épilobes, saxifrages, grandes gentiane , arnicas aux délicates couleurs jaunes, anémones des Alpes, grandes violettes. Si la météo est bonne à cette période, n'hésitez pas ! Grimpez au Mézenc ! Début juillet, Sainte-Eulalie, un village situé au pied de la montagne, près des sources de la Loire, accueille la «foire aux violettes», un marché de fleurs et de plantes médicinales.

Quand hurle la burle

C'est un aspect hivernal de la montagne ardéchoise que vous découvrirez peut-être un jour, si, amateur de ski de fond, vous vous livrez à votre sport favori, par exemple à partir des Estables. Vous apercevrez alors que ces hautes terres du Vivarais ont dans la rudesse, des points communs avec la grand nord canadien ! Car la burle, c'est un vent violent chargé de neige, durable, balayant les plateaux, accumulant la neige en de redoutables congères, bloquant la circulation, obligeant à se terrer hommes et animaux.

On raconte que dans les temps anciens, faute de pouvoir enterrer ceux qui mouraient en période de burle, on plaçait leurs corps sur le toit des maisons en attendant l'accalmie !

(A) Gentiane en épi (Gentiana ascle piada)
(B) Trolles (Trollius europeus) - *(C) Saxifrage* (Saxifragaoppositifolia)
(D) Anémone printanière (Polsatillia vernalis)
(E) Pavot (Papaver) - *(F) Gentiane de Bavière* (Gentiana Bavarica)
(G) Campanule à feuilles de pêcher (Campanula persicifolia)
H) Aster des Alpes (Aster alpinus)

Balade suivante : cueillette des myrtilles aux pieds du Mont-Gerbier de Jonc

A
B.P.
B
B.P.
C
B.P.
D
B.P.
E
B.P.
F
B.P.
G
B.P.
H

34 LE MONT GERBIER DE JONC 1551 m
un prodigieux belvédère naturel à côté des sources de la Loire

A une centaine de kilomètres à l'ouest de Valence, l'ascension de ce jaillissement volcanique en forme de meule : la balade incontournable des hautes terres.

fiche technique

Durée : 1 h AR
Difficulté : progression rude dans des éboulis instables
Période : été, demi-saison sans neige
Équipement : randonnée légère
Point d'eau : au pied du Gerbier
Balisage : sans
Carte Michelin : n° 246 pli 18
Carte IGN 1/25000 n° 2836 est
A voir aux environs : Borée : ses maisons aux toits de lauzes, le château du Gros, l'église du XVe siècle. Saint-Martial et son lac artificiel. Sainte-Eulalie, village typique de la montagne ardéchoise.

itinéraire d'accès

Le mont Gerbier de Jonc se dresse à proximité de la D 378 que l'on peut atteindre par la D 122 au départ de Mézilhac. On rejoint Mézilhac au départ de Valence soit par Lamastre (D 533) et le Cheylard (D 578), soit par Privas et le col de L'Escrinet (N 104). Arrivé au pied du mont Gerbier se garer à proximité d'une auberge.

description

Vous vous dirigez vers le pied du dôme dont vous vous apprêtez à gravir la cime. Vu de près, le volcan apparaît recouvert d'une carapace de pierres plus ou moins stables entre lesquelles vous allez devoir vous frayer un chemin pour grimper au sommet. Prenez votre temps et choisissez au fur et à mesure de votre progression, les sentiers les plus sympathiques. Les plus faciles comme les plus escarpés, tous mènent au même but, le sommet. Vous vous hissez enfin jusqu'à la cîme. Après l'effort, voici la récompense bien méritée : un panorama circulaire beau à vous couper le souffle. Tout près le mont Mézenc et les différents sucs volcaniques, suc de Sare, suc de Montfol, suc de la Barre, sans oublier les filets d'eau des sources de la Loire ; plus loin, le bassin de l'Eyrieux, la vallée du Rhône et jusqu'à la chaîne des Alpes. Un belvédère inoubliable !
La descente se fait de la même façon, en progressant au mieux entre les rochers, faisant face au paysage, cette fois-ci. En bas, quelques buissons de myrtilles vous offrent l'été leurs fruits délicats.
Vous partirez ensuite, si vous le souhaitez, à la recherche de la «vraie» source de la Loire. Au pied du versant sud-ouest du mont Gerbier de Jonc, naissent plusieurs filets d'eau qui forment les sources de la Loire. Chaque ferme environnante revendique le privilège de voir naître la vraie source dans sa fontaine ou son abreuvoir. Qu'elle soit la vraie, l'authentique ou la véritable, l'eau des différentes sources est fraîche, pure et excellente à boire.

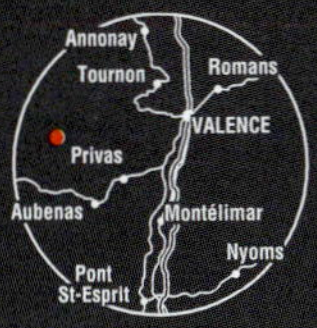

Un cône de lave figée

Une image amusante voudrait le faire ressembler à une gerbe de jonc. Sa dénomination aurait plutôt pour origine une racine indo-européenne, Gar signifiant rocher et une racine latine, jugum voulant dire montagne. Gerbier de Jonc signifierait «mont rocheux». Ce dôme en pain de sucre qui appartient au mont Mézenc, est de type «péléen», du nom de la «Montagne Pelée» de la Martinique. De tels volcans, apparus à l'ère tertiaire, ont eu des laves tellement solides et épaisses qu'elles n'ont pas réussi à s'épancher à l'extérieur. Elles ont formé un pointement que l'érosion a dégagé. La lave, le phonolithe, a été désagrégée en éclat. Ce sont les éboulis plus ou moins stables de cette roche légère et sonore de couleur grise qui recouvrent la carapace à l'aspect écailleux du Gerbier de Jonc. Les nombreux sucs en forme de dôme qui se dressent sur les plateaux des Hautes Boutières, donnent au paysage un aspect lunaire très original.

Bourlatier, une ferme-mémoire

Là où auparavant se dressait un château, il ne reste plus que la ferme typique, une très belle bâtisse de forme massive, à la toiture vaste et pentue, recouverte de lauzes. Elle serait une des quatre granges édifiées par Charles de Saint-Nectaire, seigneur de Saint-Martial et Bourlatier en 1642, 1643. Étable et habitation sont en partie basse, tandis que la grange à foin, la «fenière» occitane, occupe tout l'étage. Classée parmi les monuments historiques, elle a été restaurée grâce au concours du ministère de la Culture, de la montagne ardéchoise et du Conseil général de l'Ardèche. Bourlatier propose un voyage dans le temps et l'espace de la montagne ardéchoise, grâce à des panneaux didactiques, des témoignages oraux, des films et des spectacles. La ferme a reçu en 1988, le prix des chefs d'œuvres en péril.

Bourlatier, ferme-mémoire de la montagne ardéchoise (au sud du mont Gerbier de Jonc, avant Lachamp Raphaël) : ouvert du 28 mai au 5 octobre, visites guidées l'après-midi. Informations au 75 38 84 90 et 75 38 85 85 .

A gauche, l'une des fermes ardéchoises qui revendiquent la source de la Loire. Le fleuve à sa naissance. Ci-contre, le sommet du mont Gerbier de Jonc, et, après la grande ascension, la descente. Pages suivantes : le mont Gerbier de Jonc.

35 LA CASCADE DU RAY-PIC
une chute d'eau de plus de 30 mètres

A 88 km au sud-ouest de Valence
et 23 km du mont Gerbier de Jonc, la rivière de la Bourges s'effondre
d'une hauteur impressionnante
sur les rebords d'une coulée de lave : une courte balade
pour découvrir cette curiosité spectaculaire

fiche technique

Longueur : 2 km
Dénivelé : 40 m
Durée : 1h
Difficulté: aucune
Période : toute l'année, surtout au printemps et à l'automne où le débit d'eau est le plus abondant
Équipement : randonnée légère
Point d'eau : sans
Balisage : pancarte indicative
Carte Michelin n° 246 pli 18
Carte IGN 1/25000 : n° 2837 est
A voir aux environs : L'abbaye cistercienne de Mazan du XIIe siècle, installée dans un site solitaire du massif forestier de Mazan. Burzet et sa célèbre procession de la Passion qui rassemble le Vendredi Saint, une foule de fidèles venus de toute la région.

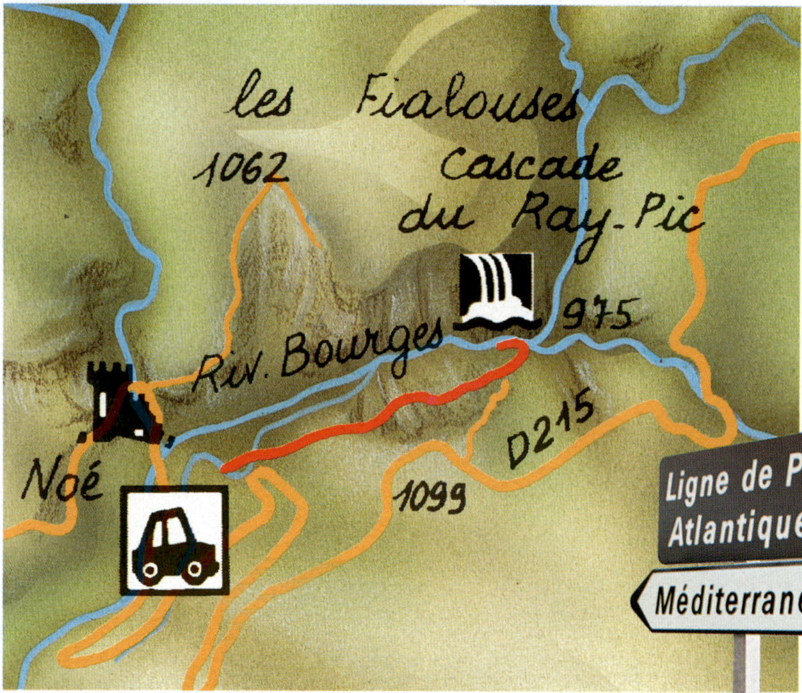

itinéraire d'accès

La cascade du Ray-Pic est accessible par la D 215, à 12 km de Mézilhac que l'on rejoint de Valence, soit par Lamastre (D 533) et le Cheylard (D 578), soit par Privas et le col de l'Escrinet (N104), suivie de la D 122. A Mézilhac vous continuez la D 122 sur 5km et tournez à gauche à Lachamp Raphaël, un des villages les plus élevés de l'Ardèche avec ses 1300m d'altitude, pour prendre la D 215 qui descend vers le Ray-Pic. Dans la descente, soyez attentifs à observer la partie supérieure de la cascade. Après 7,5 km, vous arrivez sur une aire de stationnement et garez la voiture.

description

Un panneau indicatif montre le lieu de départ de la balade. Le sentier quitte le parking et se faufile dans une végétation de genêts et de fougères. Vous gravissez avec lui les marches qui ont été aménagées et poursuivez la montée vers le site. De hautes falaises apparaissent au-dessus de la rivière que l'on devine en entendant son grondement sourd. Vous surplombez les gorges, progressant vers l'étroite échancrure. Le sentier entame sa descente, tantôt par une pente régulière, tantôt par des escaliers

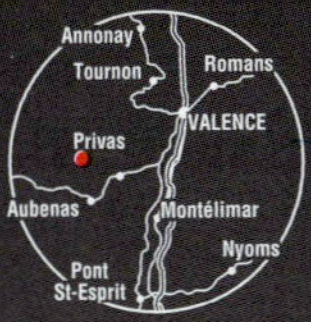

aménagés, pour atteindre le fond du ravin de la Bourges. Vous vous guidez au fracas assourdissant que fait la chute d'eau en se jetant en bas. Vous arrivez au pied de la cascade du Ray-Pic : elle saute d'une plate-forme supérieure et dégringole entre deux rochers basaltiques dans une belle vasque d'eau limpide. Spectacle fascinant et grandiose ; halte nécessaire. Invitation à se poser sur les rochers du bord de l'eau pour admirer les différentes chutes d'eau et observer de l'autre côté du lit de la Bourges les coulées de lave et de beaux prismes de basalte, dont les teintes sombres donnent au lieu son étrange sévérité.
Le retour se fait par le même chemin.

Les orgues basaltiques

Fréquents dans les régions volcaniques, les orgues basaltiques sont constitués d'un ensemble de prismes de basalte accolés. Les plus connus en Europe sont ceux de Murat et Bort-les-Orgues dans le Cantal et ceux de la Chaussée des Géants en Irlande. A Ray-Pic, ces coulées de basalte résultent d'une activité volcanique assez récente, vieille de quelques dizaines de milliers d'années, tandis qu'elles seraient plus anciennes dans les Coirons, de l'ordre de 6 millions d'années. Diversement colorés, les orgues basaltiques offrent toujours un spectacle d'une grande originalité.

La cascade du Ray-Pic et les gorges de la Bourges.

36 AUTOUR DE VALS-LES-BAINS
le rocher des Combes, la table d'orientation, la source intermittente

A 70 km au sud-ouest de Valence, un parcours de découverte de la petite station thermale, depuis les montagnes qui la surplombent, jusqu'à la centaine de sources minérales, dont la plus célèbre jaillit périodiquement en une gerbe d'eau du plus bel effet. Avec dégustation pour les amateurs !

fiche technique

Longueur : 6,5 km
Dénivelé : 235 m
Durée : 2 h 30
Difficulté : aucune
Période : toutes saisons ; éviter les heures chaudes l'été
Équipement : randonnée légère
Point d'eau : Vals
Balisage : bleu sur les crêtes
Carte Michelin : n° 246 pli 21
Carte GIN 1/25000 : n° 2937 ouest
A voir aux environs : Le château de Boulogne, forteresse féodale devenue demeure Renaissance. Antraigues, petit village construit sur un piton volcanique. Aubenas et son château égayé par des tuiles vernissées, perché sur un éperon dominant l'Ardèche.

itinéraire d'accès

Vous quittez Valence par l'autoroute du sud, direction Montélimar et sortez à Loriol pour prendre la direction de Privas par la vallée de l'Ouvèze (N 104). A Privas vous continuez vers Aubenas (N 104) que vous traversez en suivant la direction du Puy

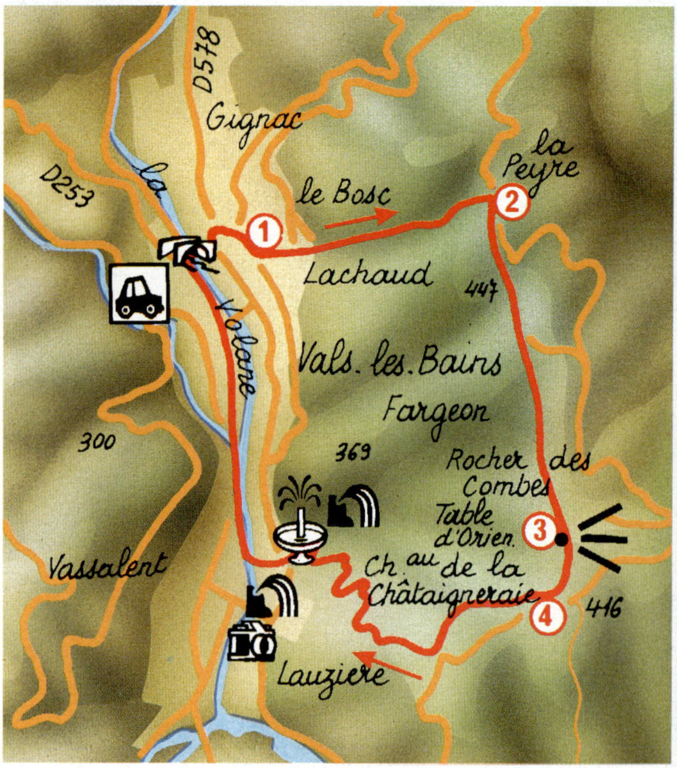

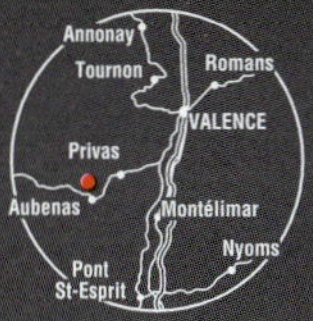

(N 102). A la sortie d'Aubenas, plus précisément à Labegude, vous prenez la D 578 à droite vers Mézilhac et Vals-les-Bains que vous atteignez très rapidement. Vous vous dirigez vers le centre ville et remontez la rue principale pour vous garer aux environs de la mairie.

description

De la place de l'Hôtel de Ville, vous traversez le pont sur la Volane et contournez à gauche la gendarmerie pour prendre tout de suite à droite la petite route de Saint-Andéols-de-Vals et continuer encore à droite à la première bifurcation. Après un grand lacet à gauche, vous montez jusqu'à un tournant en épingle à cheveux, (avant la maison de retraite) au milieu duquel vous trouvez, à proximité d'un pilier, le début d'un sentier à prendre à droite ①. Il longe une maisonnette et après le passage d'une petite clôture, s'élève dans un bois de châtaigniers puis dans les pins, promenade agréable et fraîche l'été sous les ombrages. Arrivé à la crête, vous retrouvez la route du sommet que vous prenez à droite sur quelques mètres, pour la quitter très vite en choisissant à sa droite un bon chemin ② qui la longe et serpente dans les pins. Au premier embranchement, vous continuez à monter sur la gauche et retrouvez un itinéraire balisé de flèches bleues que vous prenez sur 250 m à travers les fougères. Après un grand tournant à gauche, vous trouvez à droite le sentier de crête balisé bleu qui traverse un bois de pins et à la sortie file tout droit le long d'un muret. Le panorama s'élargit. Dès que le sentier entame une légère descente, vous cherchez dans les genêts à droite, celui qui grimpe vers la table d'orientation (480 m) ③. Installée en 1921 sur les rochers des Combes, elle est quelque peu enfouie

A gauche, le pêcheur dans la Volane. Ci-contre, Vals-les-Bains, sa source intermittente et son château de la Châtaigneraie.

dans les pins qui ont occupé le terrain ! Par temps clair, vous apercevez le plateau du Coiron, le Tanargue, Gourdon, Mézilhac. Un panorama superbe ! Tout près de là, un panneau a été judicieusement installé pour présenter les différents itinéraires pédestres. Vous descendez sur la gauche par un sentier escarpé, puis tournez à droite le long d'un pré d'où la ville d'Aubenas apparaît, toute proche. Après être passé entre des murets, vous arrivez à la route au niveau du hameau des Combes ④. La descente sur Vals se fait par la voie goudronnée, en prenant à droite à la première bifurcation. Vous passez devant l'imposant château de la Châtaigneraie et poursuivez tout droit, jusqu'au Grand Hôtel. Vous découvrez différentes sources, en particulier celle du parc du casino, la»source intermittente» qui jaillit au centre d'une vasque pavée de prismes basaltiques toutes les 6 heures et parfois jusqu'à 8 m de hauteur. Vous traversez les jardins, puis le pont sur la Volane et remontez la rue principale de Vals-les-Bains jusqu'à la Mairie.

Jean Ferrat

Résidant en montagne au-dessus de Vals-les-Bains, le chanteur Jean Ferrat a bien su décrire la rudesse du pays d'Ardèche qui conduit parfois ses hommes vers l'exil, et surtout sa beauté si attachante.

«Ils quittent un à un le pays
Pour s'en aller gagner leur vie
Loin de la terre où ils sont nés...»

«Pourtant, que la montagne est belle !
Comment peut-on s'imaginer,
En voyant un vol d'hirondelles,
Que l'automne vient d'arriver.»

Les sources d'eau minérale

En Ardèche, les eaux qui s'infiltrent sous les roches perméables reçoivent parfois des émanations gazeuses provenant des cheminées volcaniques ou des couloirs des volcans proches. Ceci explique les innombrables sources d'eau minérale qui entourent la montagne. A Vals, on parle d'une centaine de sources d'eau froide plus ou moins bicarbonatées et sodiques, aux vertus diverses. C'est au début du XVIIe siècle qu'on découvre le pouvoir thérapeutique de ces eaux. Claude Expilly, conseiller du Roi en vante les mérites à la cour d'Henri IV. Madame de Sévigné *«trouve du prodige dans les eaux de Vals qui sont bonnes pour des maux contraires»*. Leur bienfait est confirmé scientifiquement au XIXe et Vals devient le «Vichy de l'Ardèche». Un hôpital moderne spécialisé en diabétologie est construit à Vals au milieu du XXème siécle, ainsi qu'un casino et un hôtel des bains destiné à l'accueil des curistes. Les eaux, réputées pour leur action sédative sur l'estomac et stimulante sur le foie, sont mises en bouteilles et expédiées chaque année à plusieurs millions d'exemplaires.

Balade suivante : le château de Rochemaure.

37 ROCHEMAURE ET LE PIC CHENAVARI
le village médiéval au pied de son volcan

A 45 km au sud de Valence, à l'extrémité du plateau du Coiron, la montée au château féodal de Rochemaure par les ruelles pittoresques du vieux bourg et l'ascension du sommet tout proche. Des sites impressionnants et des panoramas de toute beauté.

fiche technique

Longueur : 11 km
Dénivelé : 430 m
Durée : 4 h (sans compter la visite du château)
Difficulté : aucune
Période : toutes
Équipement : randonnée classique
Point d'eau : au village
Balisage : jaune (à partir du château)
Carte Michelin : n° 246 pli 21
Carte IGN 1/25000 : 3038 ouest Montélimar
A voir aux environs : L'ancien village de Cruas, son église abbatiale romane aux deux cryptes des XIe et XIIe siécles et leurs chapiteaux archaïques. Alba-la-Romaine, le château établi sur un rocher volcanique, les fortifications, les façades des maisons en basalte noir.

itinéraire d'accès

Vous quittez Valence par la N 38 puis la N 86 direction La Voulte en rive droite du Rhône, passez le Pouzin, Cruas et Meysse. A l'entrée du village de Rochemaure dont vous apercevez les hautes tours et les murailles crénelées, vous tournez à droite pour vous garer sur la place de l'église ou celle de la mairie toute proche.

description

Pour monter au château, vous allez traverser le vieux bourg en découvrant ses maisons moyen-

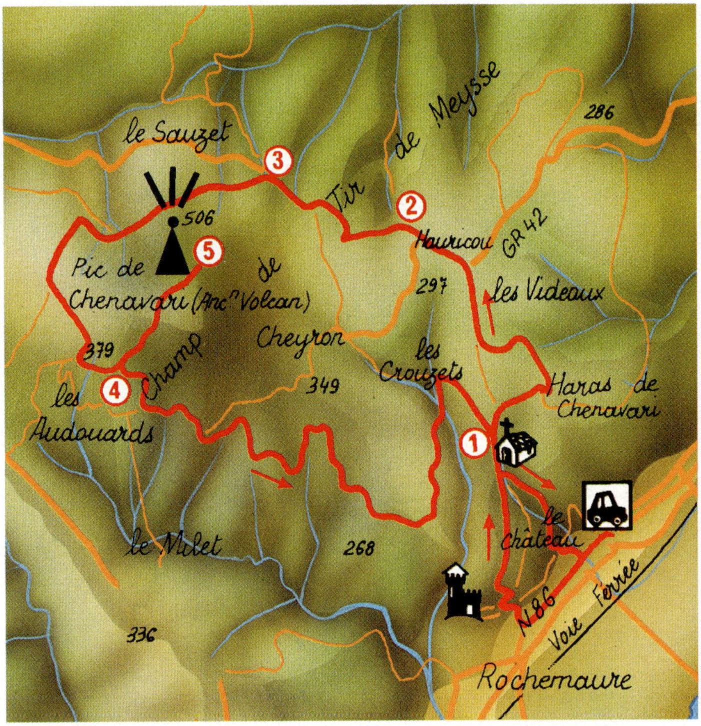

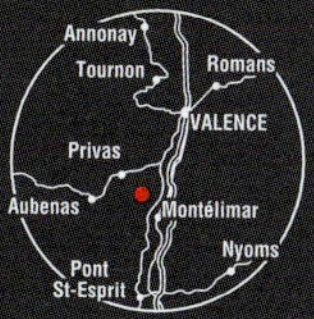

âgeuses et Renaissance ainsi que ses fontaines. Au départ de la mairie, vous empruntez la rue du Faubourg suivie de celle de la Violle jusqu'au chemin de Malbouron entrecoupé d'escaliers que vous remontez à droite. Arrivé à proximité de la tour du Gast, vous prenez à gauche sur une centaine de mètres la petite route qui monte au château et trouvez à droite le chemin de Madame. Il vous conduit d'abord à la chapelle Notre-Dame des Anges au gracieux campanile, entourée de son cimetière. Édifice de style gothique provençal, elle fut détruite par les protestants au XVIe siècle et reconstruite peu après. Le chemin de Madame continue au-dessus du cimetière et s'élève à proximité d'un long rempart. Un panneau signale qu'il est prudent de ne pas s'approcher de la muraille en raison du risque d'éboulement. Soyez donc vigilant. Vous montez jusqu'à la route que vous traversez pour parcourir la dernière portion de chemin avant l'arrivée au château. Dressé sur un dyke basaltique, le monument domine la ville basse de plus de 120 mètres. Un site impressionnant ! Le donjon construit entre 1120 et 1140 par le seigneur de Monteil dresse sa silhouette délabrée, entouré des tours et de la maison seigneuriale. (On y accède lors de la visite, par un escalier raide et très étroit auquel succède un escalier encore plus étroit qui donne sur une petite tour servant d'ultime refuge au seigneur en cas d'attaque). Vous découvrez... et traversez le château en vous dirigeant à droite vers les quartiers nord (qui à l'époque occupaient toute la crête jusqu'au village de La Fare appelé maintenant Les Vidéaux).

Vous prenez la petite route menant aux Vidéaux, en laissant à droite celle qui descend à Rochemaure. A 250 m environ, vous remarquez sur votre droite un bâtiment en ruine ①: la chapelle Saint Laurent

A gauche, la porte fortifiée du vieux village de Rochemaure et, à droite, son château.

La chapelle Notre-Dame des Anges.

est connue pour une inscription étonnante placée au-dessus de sa porte d'entrée. La petite route se sépare ; vous prenez la voie de droite qui contourne un lotissement et s'élève vers les Vidéaux. Dans le hameau, vous choisissez à gauche le chemin goudronné des Freydières qui porte le balisage rouge et blanc du GR 42 ②. Après 250 m, vous laissez le GR partir à gauche et poursuivez tout droit vers le Pic Chenavari dont la silhouette se précise. Au carrefour suivant, à un km environ, vous laissez le chemin des Freydières filer à droite et vous bifurquez à gauche ③ pour faire le tour du volcan. Vous passez à proximité d'une ferme et progressez sur le chemin qui n'est plus revêtu. Arrivé à un col, vous trouvez entre 2 pylônes électriques le balisage jaune qui vous indique le chemin à prendre pour atteindre le sommet du volcan ④. Un parcours facile vous mène au Pic Chenavari (507 m) ⑤. Là-haut le panorama est immense, notamment sur la vallée du Rhône : le donjon de Rochemaure dominant le fleuve avec, en toile de fond, le Vercors et les Baronnies fermant l'horizon à l'est. Côté sud, à quelques mètres en contrebas, une couche d'orgues basaltiques avec chaussées des géants, rappelle l'origine volcanique de la montagne.

Vous redescendez au col et bifurquez à gauche pour revenir à Rochemaure en contournant le Chenavari, cette fois-ci par le Sud. (Le balisage jaune vous accompagne jusqu'au château, les marques rouges et blanches du GR 42, seulement sur les 700 premiers mètres). Le chemin serpente autour du ravin de Malatère, du Devès et du ravin de Rigas, ménageant des vues saisissantes en contrebas, sur le château-fort. Vous rejoignez une portion de voie revêtue puis la petite route que vous avez quittée, au niveau de la chapelle Saint Laurent ①. Vous la prenez à droite pour redescendre ensuite directement à Rochemaure. A proximité du carrefour avec la route menant au château, vous cherchez à gauche le raccourci appelé sentier du saut de l'âne, qui descend au village. Il rejoint un peu plus bas la route qu'il faut prendre sur quelques mètres à gauche, pour trouver tout de suite à droite le sentier de Gaudissart qui descend vers la mairie.

Le carré magique

la petite chapelle Saint-Laurent en ruines, garde le secret de son carré magique : dans l'abside, une plaque d'une trentaine de centimètres de côté porte gravés, cinq mots superposés pouvant être lus dans tous les sens :

S A T O R
A R E P O
T E N E T
O P E R A
R O T A S

On ne connaît pas avec exactitude la signification de cet ancêtre du mot croisé que certains attribuent aux chrétiens persécutés, obligés de dissimuler leurs prières.

La chapelle Notre-Dame des Anges.
Balade suivante : progression sur un pierrier sous les falaises des gorges de la Sainte-Baume.

SAINT-MONTAN ET LES GORGES DE LA SAINTE-BAUME

le village médiéval, l'église de Larnas, la grotte de l'ermite, le val Chaud

A 67 km au sud de Valence, une balade méditerranéenne à la découverte de gorges sauvages et de merveilles de l'architecture médiévale.

fiche technique

Longueur : 8 km
Dénivelé : 180 m
Durée : 3 h
Difficulté : montée et descente raides, pierriers
Période : demi-saison, hiver
Équipement : moyenne randonnée
Point d'eau : Saint-Montan et Larnas
Balisage : jaune (PR)
Carte Michelin : n° 246 pli 22
Carte IGN 1/25000 : 2939 est Bourg-Saint-Andéol
A voir aux environs : Viviers, la vieille cité épiscopale créée au Ve siècle, qui a donné son nom à la province du Vivarais, avec la Tour et la cathédrale Saint Vincent ainsi que la maison Renaissance de Noël Albert.

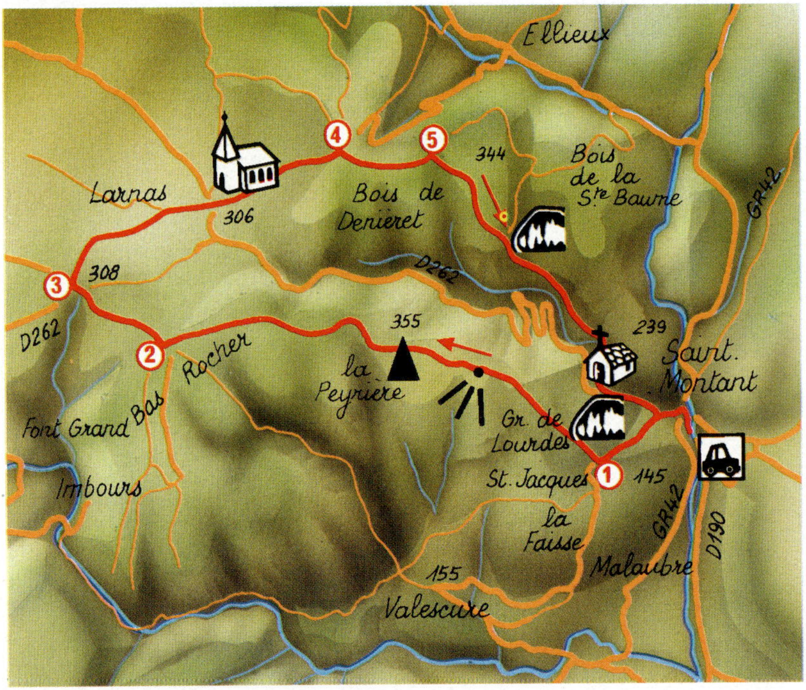

itinéraire d'accès

Vous quittez Valence par l'ouest, franchissez le Rhône et descendez vers le sud en longeant le fleuve par la N 86 empruntant la rive droite. 7 km après Viviers (qui a donné son nom au Vivarais), vous tournez à droite sur la D 262 en direction de Saint-Montan. Jetez en passant un coup d'œil à la jolie chapelle romane de Saint-André de Mitroys située à droite au bord de la route. 1,5 km après avoir quitté la N 86 ; son charme est rehaussé par les cyprès bordant son vieux cimetière. Vous entrez dans le village de Saint-Montan où vous stationnez sur le parking aménagé. Une variante (plus rapide) consiste à prendre l'autoroute A 7 de Valence à Montélimar sud puis de rejoindre la N 86 à Viviers.

description

Vous vous dirigez vers le village et franchissez le pont qui enjambe le ruisseau d'Ellieux. Après avoir dépassé la mairie, vous cherchez à gauche la petite rue du Terral portant les balises jaune du PR. Elle passe sous un porche et quitte le village en montant vers le hameau de Valescure. 400 m environ après avoir quitté le village, juste avant un virage de la route à gauche et 25 m après les derniers peupliers, vous devez quitter la route pour monter à droite ① sur la crête par un sentier balisé un peu difficile à trouver par endroits. Parvenu à la crête, une magnifique perspective s'offre sur le val Chaud (nom donné aux gorges en raison de la température qui y règne en été), le fouillis des toits et les ruelles tortueuses du village de Saint-Montan, surplombé par les remparts en ruine de la citadelle féodale, plus loin sur la plaine du Rhône et le mont Ventoux. Vous remontez ensuite vers l'ouest la crête de la Peyrière, en suivant avec vigilance les balises jaunes peintes sur les rochers et en vous faufilant entre les buissons. Après avoir traversé un taillis de chênes verts, vous parvenez à un sentier que vous prenez à droite ; il dessine une boucle à gauche puis s'élargit. Bientôt, vous traversez un bois de chênes verts et arrivez en dessous d'une ligne à très haute tension. Vous poursuivez tout droit le chemin de terre jusqu'à une étoile de chemins où vous prenez à droite ② celui qui longe une clôture et en 500 m

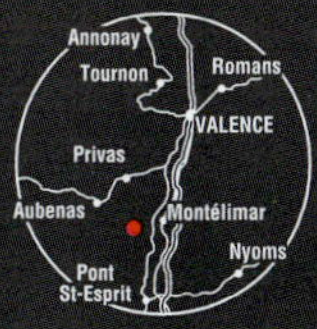

vous amène à une croix de pierre au bord de la D 262. Vous tournez à droite ③ pour rejoindre en 800 m le village de Larnas et poursuivre tout droit au carrefour suivant (en laissant la D 262 redescendre vers Saint-Montan). Vous ne manquerez pas d'admirer l'église Saint-Pierre du XIIe siècle, bijou de l'art roman, près d'un vieux cimetière planté de cyprès et de remarquer la coupole octogonale du transept reposant sur un soubassement carré. Longeant l'église, vous continuez la petite route balisée jaune sur 500 m. Vous la quittez à la hauteur d'une ligne à haute tension pour emprunter à droite un large chemin ④ à travers un bois de chênes blancs et verts et de genévriers. En crête, la vue se dégage sur Pierrelate et la vallée du Rhône. Quelques centaines de mètres après, à une bifurcation, veillez à bien choisir le sentier de droite ⑤ qui se dirige vers le fond des gorges ; la descente raide mène à un pierrier que vous traversez à droite, pour le retraverser ensuite à gauche en contrebas, en direction d'un rocher surmonté d'une croix. Il s'agit de la grotte de la Sainte-Baume dite aussi grotte de l'Ermite (en fait un abri sous roche) qui aurait été occupée au Ve siècle par l'ermite Montanus, lequel aurait donné son nom au village. On y voit entre autre de belles marches taillées dans le rocher. Un peu plus bas, vous pouvez approcher du rebord pour admirer la vue sur les gorges. Le sentier continue à descendre et après un lacet, traverse d'autres pierriers. Vous parvenez aux parois de l'école d'escalade et atteignez la jolie chapelle San-Samonta (XIe-XIVe siècles). Vous revenez ensuite vers Saint-Montants, en prenant le temps de flâner dans le village, à la découverte de toutes ses richesses.

L'église de Saint-Pierre de Larnas.
Aubenas, balcon sur les Cévennes.

Le village de Saint-Montan

Saint-Montan est l'un des plus beaux villages médiévaux ardéchois. Dans un fouillis apparent, les maisons s'étagent depuis la rivière jusqu'au château. Construit aux XIe-XIIe siècles, le château fut détruit par Coligny au XVIe siècle pendant les guerres de religion. Il y a 25 ans le village fortifié n'était qu'un amas de ruines. Il faut saluer l'action conjointe de la commune et de l'Association des Amis de Saint-Montan qui ont uni leurs efforts pour régénérer le village. En parcourant les ruelles et en montant jusqu'au donjon, vous mesurerez l'intensité et la qualité de la restauration entreprise.
Le village de Saint-Montan est également un village viticole, producteur d'un VDQS «Côtes du Vivarais». Le vignoble est implanté sur les rebords calcaires des Gras et orienté vers la vallée du Rhône. Depuis plusieurs années, les vignerons ardéchois ont mené une politique intelligente d'amélioration constante de leur production, grâce notamment à des encépagements judicieux et à un meilleur savoir-faire oenologique. On peut leur souhaiter d'accéder rapidement à la catégorie A O C.

Le village médiéval de Saint-Montan.

L'ermite fondateur

Le village fut fondé au Ve siècle, par un ermite appelé Montanus. Doté de dons de voyance, ayant en particulier prédit l'avenir de Saint Rémy, alors qu'il n'était qu'enfant, il vit les foules venir vers lui et, pour leur échapper, s'enfuit dans le vallon de la Baume qu'il dut encore quitter, pour s'éloigner des pèlerins qui affluaient vers lui. Il repartit en Picardie d'où il était venu. D'autres ermites s'installèrent dans le vallon de la Baume au Moyen Age et jusqu'au XIXe siècle. Il y a donc une longue tradition d'érémitisme dans ce vallon.

Trois églises romanes

Une richesse inouïe dans un si petit espace : L'église Saint-Pierre de Larnas implantée hors du village dans un joli paysage campagnard, présente un appareillage parfait de pierres de calcaire blanc et une coupole aux proportions élégantes. De l'extérieur, on aperçoit un grand tambour à section octogonale qui contient la coupole. Courte, la nef possède deux travées tandis que l'abside est trilobée : une abside et deux absidioles. Les ouvriers ou les maçons ont laissé leurs marques gravées et l'architecte Stephanus, sa signature. L'église de Larnas est classée parmi les monuments historiques.

L'église de San-Samonta (en fait Saint-Saint-Montan !) située au bord de la route départementale, près du village de Saint-Montan, du XIIe siècle est, elle aussi, classée parmi les monuments historiques. Construite contre une paroi rocheuse, elle ne possède pas d'abside. Le côté sud est doté de belles arcatures tandis que le côté nord s'appuie sur des contreforts internes.

La chapelle funéraire Saint-André-de-Mitroys qui se trouve à l'entrée du village a été édifiée au XIIe, peut-être à l'emplacement d'une église beaucoup plus ancienne. On remarque la simplicité de sa nef unique.

De gauche à droite, la chapelle Saint-André de Mitroyes.
La maison Noël Albert au Viviers,
Le château d'Aubenas, le village de Viviers.

Olivier de Serres : le Père de l'agriculture française

Gentilhomme huguenot, passionné d'agriculture, il devint célèbre par ses innovations en matière agricole. On le considère comme un des premiers agronomes, celui qui perfectionna des méthodes de culture qui allaient transformer l'agriculture française au XVIIe siècle. Associant observation, réflexion et expérimentation dans sa maison du Pradel, Olivier de Serres fit part de son expérience dans une étude sur «l'Art de la cueillette de la soie». L'idée qu'il préconisait, d'étendre la culture du mûrier et l'élevage du ver à soie, plût au roi Henri IV qui prit des dispositions pour réaliser cette extension. Encouragé, Olivier de Serres développa ensuite sa pensée dans un traité d'agriculture pratique enrichi d'humanisme, le»Théatre d'agriculture et message des champs» paru en 1600. Il y donnait ses idées sur l'alternance des cultures, le labour, le soufrage de la vigne, les cultures du maïs, de la betterave. Il préconisait les développement de la «tartifle», la pomme de terre, bien avant Charpentier. Ce traité de mille pages, par la beauté de sa langue, son style imagé et son humanisme, compte parmi les grandes œuvres de la littérature française. Il fut très bien accueilli à la cour d'Henri IV. La vie et l'œuvre d'Olivier de Serres continuent à être entourées en Ardèche au XXe siècle d'une grande vénération. Le domaine du Pradel a été reconverti en centre de formation professionnelle agricole.

39 LA DENT DE REZ

le village et le plateau de Gras, la table calcaire de Rez

A 78 km au sud-ouest de Valence, en Ardèche méditerranéenne, au départ d'un pittoresque village médiéval disposé au milieu des amandiers, des mûriers et des vignes, l'ascension d'un balcon aux vues très étendues.

fiche technique

Dénivelé : 350 m
Durée : 4 h
Difficulté : néant
Période : hiver, demi saisons
Équipement : randonnée classique
Point d'eau : Gras
Balisage : Traits jaunes et blanc
Carte Michelin : n° 246 pli 22
Carte IGN : n° 2939 est
A voir aux environs : Le fauniscope, musée de la faune, avec ses animaux (insectes, mammifères, oiseaux), naturalisés et replacés dans leur milieu reconstitué. Le Préhistorama du village de Bidon qui présente la longue histoire de l'humanité. Les célèbres gorges de l'Ardèche creusées par la rivière dans la roche calcaire.

itinéraire d'accès

Vous gagnez Viviers soit par la N 86, soit par l'autoroute A 7 (sortie Montélimar sud) et prenez dans Viviers la D 507 en direction de Saint-Thomé-Aubenas. Après 6 km, vous prenez à gauche la D 362 vers Gras qui vous ménage des vues superbes sur le village perché de Saint-Thomé. La petite route sinueuse passe devant le joli hameau de Valgayette avant d'arriver à Gras où vous stationnez à l'entrée du village.

description

Vous entrez dans le village dominé par la silhouette imposante de l'église au clocher carré, passez devant la poste, la mairie et le café, avant de sortir tout droit par la poterne ouverte dans le rempart. Le chemin balisé en jaune descend sur votre gauche pour remonter la rive gauche du vallon au-dessus du ruisseau et d'anciens terrains de culture ou vergers. A proximité d'un gros micocoulier, vous pouvez vous retourner pour observer un point de vue intéressant sur le village perché de Gras. A une première bifurcation où vous remarquez quelques marches taillées dans la pierre sur la gauche, vous continuez sur le chemin de droite qui vous amène à proximité de dalles calcaires affleurantes. Au niveau d'un gros amandier il descend dans les marnes

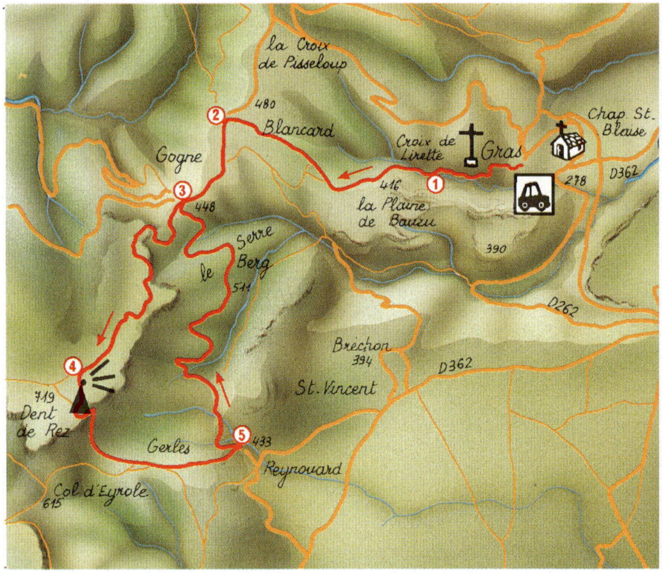

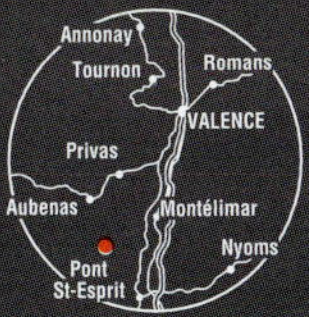

noires et traverse à gué le ruisseau à la hauteur d'un pont détruit ①. Progressant maintenant en rive droite, le sentier serpente au-dessus de la plaine de Bauzu en montant régulièrement vers le plateau. La pente s'accentue avant de rejoindre la crête où une belle perspective s'offre sur la dent de Rez. Le sentier s'élargit en chemin, bifurquant à droite à proximité de la ligne électrique. Il longe d'immenses clapiers, témoins du labeur acharné des hommes pour cultiver ces terres arides et difficiles. A un semblant de fourche, vous continuez tout droit vers un vieux mas et prenez à droite un bon chemin qui va rejoindre la petite route goudronnée. Vous l'empruntez à gauche ② sur 500 m jusqu'au hameau de Gogne que vous traversez. Vous poursuivez sur quelques centaines de mètres en descendant la route empierrée en direction du massif de Rez avant d'arriver à un carrefour de chemins. Laissant la piste de DFCI à droite, vous prenez tout droit pour trouver immédiatement à gauche le sentier balisé jaune et blanc ③ qui s'élève vers la Dent de Rez. L'itinéraire monte régulièrement en lacets à travers une végétation méditerranéenne (thym, buis, genévrier cade) et atteint un plateau où il faut tourner à gauche ④ pour atteindre le sommet matérialisé par un signal géodésique. La Dent de Rez, point culminant du Bas-Vivarais avec ses 719 m, vous réserve un panorama circulaire sur tout le plateau de Saint-Remèze, la vallée du Rhône, les monts des Cévennes, du Vivarais (massif du Tanargue et plateau du Coiron), la chaîne des Alpes, précédée par les montagnes de la Drôme provençale, le mont Ventoux et le Guidon du Bouquet. Des baladeurs courageux ont d'ailleurs érigé en tradition l'ascension nocturne de la Dent de Rez pour y contempler le lever du soleil sur les Alpes !

Vous descendez ensuite à droite du signal géodésique pour trouver le sentier qui s'insinue entre les falaises et descend vers le rocher de la Montre. Il dévale ensuite en zigzaguant sur la croupe, puis franchit quelques barrières de parcs à moutons. Soyez gentils de bien les refermer derrière vous et de tenir votre chien en laisse. Un grand chemin arrive de la droite, avec lequel vous continuez à descendre. Avant d'arriver à Reynouard, vous tournez à gauche vers le mas de Gerles. La petite route d'abord goudronnée, puis empierrée, vous offre sur près de 4 km de niveau, un beau parcours en forêt, moment très agréable après la rude montée. Elle vous ramène au carrefour de sentiers ③ qui vous est familier au pied du hameau de Gogne. Vous rentrez à Gras par l'itinéraire emprunté à l'aller. Il vous offre à l'arrivée des vues renouvelées sur ce village que vous allez maintenant pouvoir découvrir : son église au clocher carré, sa maison des chasseurs, ses vieilles demeures, ses remparts. Il faut saluer le dynamisme de l'Association qui s'est créée pour restaurer et faire vivre le village de Gras. Vous pourrez monter voir la jole petite chapelle romane Saint-Blaise au toit de dalles, qui est installée sur une butte un peu à l'écart du village, entourée de son cimetière. Des vases d'argile situés dans sa voûte serviraient, dit-on, à améliorer l'acoustique.

Le village de Gras et sa chapelle Saint-Blaise.

Le sanglier

Ce porcin sauvage à l'allure massive, à la tête triangulaire, aux canines éversées, aux poils raides, vit en troupes dans la forêt où il se nourrit surtout de végétaux souterrains, rhizomes, bulbes, tubercules. En fouillant dans la terre, il fait des dégâts considérables, saccageant et détruisant même les récoltes. Dans les taillis et les landes autour de Saint-Remèze où les sangliers vivent en grand nombre, les chasseurs organisent des battues pour les chasser. Les traces de l'animal étant repérées, les chiens cherchent à le débusquer, tandis que les chasseurs, au nombre d'une trentaine, se postent sur le passage qu'il va emprunter. Le moment le plus dangereux pour le chasseur est celui où la bête surgit à courte distance, risquant de charger. La trompe sonne la fin de la battue et le rassemblement des chasseurs et des chiens. L'animal une fois dépecé sera partagé entre tous. Une soixantaine de sangliers sont ainsi tués chaque année dans la région de Saint-Remèze.

B.P.

Le sommet de la Dent de Rez.

40 LES GROTTES TROGLODYTIQUES DE MONTBRUN
une curiosité du plateau basaltique du Coiron

A 60 km au sud-ouest de Valence, la découverte d'un ravin étroit portant sur ses parois d'étonnantes grottes creusées dans des dépôts volcaniques

Les grottes troglodytiques.

fiche technique

Longueur : 9 km AR
Dénivelé : 250 m
Durée : 3 h 30
Difficulté : prudence aux abords des grottes ; absence de plan pour la visite des grottes
Période : toute l'année
Équipement : randonnée classique
Point d'eau : Saint-Jean-le-Centenier
Balisage : sans
Carte Michelin : n° 246 pli 21
Carte IGN 1/25000 : n° 2938 est
A voir aux environs : Les oppida de Jastres, lieux d'habitat préhistorique situés sur le rebord du plateau, d'où la vue s'étend sur toute la basse Ardèche.

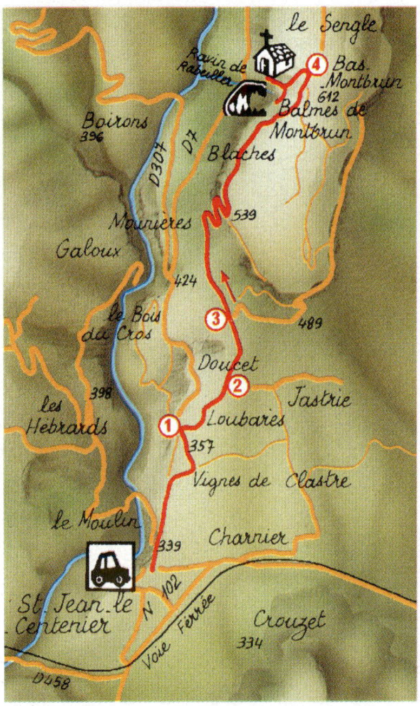

itinéraire d'accès

De Valence vous gagnez Le Teil au sud, en empruntant soit la rive droite du Rhône par la N38 suivie de la N 86, soit l'autoroute A 7, sortie à Loriol ou Montélimar Nord pour rejoindre la N86. Au Teil, vous vous dirigez vers Aubenas par la N 102 et après 16 km entrez à droite dans le village de Saint-Jean-le- Centenier. Vous garez votre véhicule sur la place.

description

Vous empruntez vers le nord la petite route de Berzeine-Saint-Gineis, et la quittez après un bon km, pour prendre à droite la direction de Jastrie ①. Au carrefour suivant, quelques centaines de mètres après, vous laissez Jastrie sur la droite et montez tout droit vers le plateau qui se dresse devant vous ②. 500 mètres après, juste avant un grand virage de la route qui va contourner le plateau par le sud, vous trouvez un grand chemin qui file à gauche, fermé par une barrière ③. Celle-ci une fois franchie (prenez soin de bien la refermer après votre passage), le chemin s'élève le long de vergers et de prés clôturés puis s'approche du plateau où affleurent des roches volcaniques noires bien caractéristiques. Il dessine 2 grands lacets au-dessus de la vallée, puis après le passage d'une nouvelle barrière, se prolonge vers le Bas-Montbrun. Ce dernier parcours offre des vues plongeantes sur les parois du ravin criblées de baumes : une invitation à se rapprocher du site. A l'entrée du hameau de Bas Montbrun, une pancarte indique la voie à suivre pour y parvenir : le sentier descend à gauche ④ dans le ravin et se ramifie pour atteindre les différentes grottes. Dans la descente, vous remarquerez les tons polychromes des colonnades basaltiques. A vous maintenant de partir à la découverte de ces étonnantes cavités creusées dans les dépôts volcaniques. Pour découvrir les plus intéressantes, vous pouvez par exemple vous rendre sur le versant gauche du ravin. Le sentier escarpé mène à des grottes étonnantes : l'homme a taillé des banquettes à même le rocher dans l'une, aménagé plusieurs étages dans une autre. Tout près, un petit replat permet de se poser pour observer en face les nombreuses baumes percées dans les parois, dont certaines paraissent inaccessibles. Vous pouvez ensuite accéder à quelques-unes d'entre elles par un sentier. En dirigeant ensuite vos pas plus au nord, vous découvrirez une petite chapelle blottie dans la roche.

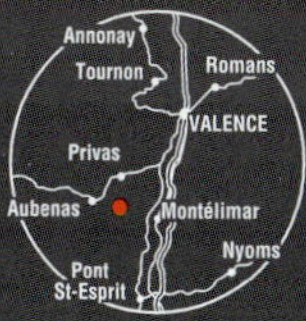

On sait peu de choses sur les origines probablement très anciennes de ces grottes qui auraient servi d'habitat troglodytique. On pense, par contre, qu'elles ont pu être utilisées comme refuge par les protestants pendant les guerres de religion.
Le retour se fait par le même chemin jusqu'au village de Saint-Jean-le-Centenier.

Le col de l'Escrinet : zone d'observation des oiseaux migrateurs.

Situé à un carrefour de régions entre les Cévennes au sud, le Haut Vivarais au nord, les hauts plateaux de l'Ardèche à l'est, le plateau basaltique du Coiron à l'est, le col de l'Escrinet (altitude 787 m) est un lieu de passage de plus de 160 espèces d'oiseaux, l'un des plus importants pour les migrateurs en France ! C'est au printemps qu'il faut aller à l'Escrinet pour voir tous ces voyageurs ailés remonter du sud et passer au ras du col de l'Escrinet.L'observation se fait sur la butte qui domine le col. Les oiseaux migrateurs sont attendus au sol, par des curieux, souvent aussi par des chasseurs et des écologistes qui parfois s'affrontent. Entre février et mai, on verra passer successivement les buses variables, pigeons ramiers, pinsons ; puis les cormorans, grues cendrées, bergeronnettes grises, cigognes noires et blanches ; ensuite les busards des roseaux, martinets, passereaux, tourterelles des bois, chardonnerets, avec aussi le circaète Jean le Blanc ; enfin la dernière à passer, la bondrée apivore.

Les grottes et la chapelle rupestres.
Page suivante : un machaon ou grand porte-queue survolant les gorges de l'Ardèche

Glossaire

Adret : dans les pays montagneux, versant d'une vallée exposé au soleil
Amont : partie d'un cours d'eau d'où vient le courant
Aval : partie d'un cours d'eau vers laquelle descend le courant
Balme, baume : grotte, abri
Cairn : petit monticule de pierres érigé par les randonneurs pour signaler sentiers et sommets
Canyon : géologiquement, désigne une gorge creusée dans le calcaire par un cours d'eau, par dissolution et par érosion. Son aspect général est caractérisé par un profil aux parois abruptes.
Chêne blanc ou pubescent : arbre qui peut atteindre une grande taille. Ses feuilles sont caduques et leurs faces intérieures sont recouvertes d'un fin duvet blanchâtre.
Chêne vert ou yeuse : généralement de petite taille, son tronc de couleur brune est très ramifié. Ses feuilles vert foncé sont persistantes, dures et légèrement piquantes.
Clapier : tas de pierres résultant de l'épierrage d'un champ
Combe : vallon
CORA : Centre Ornithologique Rhônes-Alpes
CORANDO : Comité Départemental de la Randonnée Pédestre de la Drôme
Doline : cuvette due à l'affaissement du sous-sol en relief karstique, en raison des eaux souterraines
Draye : ancien chemin emprunté par les troupeaux transhumants
Exsurgence : source livrant des eaux provenant d'infiltrations
Fayard : nom donné en montagne au hêtre
Font : source, fontaine
Garrigue : formation arbustive dense, spécifique des terrains calcaires, qui révèle le plus souvent une dégradation du couvert forestier
Genêt : arbrisseau dont les fleurs odorantes sont d'un jaune d'or éclatant
Gour : vasque retenant l'eau dans le lit des rivières
G.R. : sentier de grande randonnée balisé en rouge et blanc sur de longs itinéraires
Hêtre : arbre de grande taille et à l'écorce lisse et grise, portant des feuilles caduques ovales
Jas : bergerie
Karstique : le Karst, plateau calcaire des Balkans, a donné son nom au relief des plateaux calcaires où se produisent des formes d'érosion dues au ruissellement de l'eau : lapiaz, doline, scialet, grotte, rivière souterraine
Lapiaz : ciselure superficielle creusée par les eaux dans le calcaire.
Lauze : large pierre plate de schiste servant en montagne à couvrir le toit des maisons.
Ongulé : mammifères dont les pattes se terminent par des ongles, cerf, chevreuil, sanglier, chamois, mouflon, bouquetin
Pas : passage ou col
Pelouse : clairière herbeuse
Phréatique : se dit d'une nappe d'eau souterraine qui alimente des sources
Point géodésique : repère mis en place par l'Institut Géographique National, généralement sur un sommet, pour réaliser des cartes par triangulation.
Poudingue : roche sédimentaire détritique formée de cailloux arrondis liés par un ciment naturel
PNR : Parc Naturel Régional
P.R. : sentier de petite randonnée, généralement balisé localement en jaune
Puy : sommet
Résurgence : réapparition d'un cours d'eau à l'air libre, après un passage souterrain.
Rupestre : qui a un rapport avec les rochers
Scialet : puits vertical en Vercors, gouffre
Serre : crête de montagne étroite et allongée, souvent rocheuse et dentelée, entre deux vallées profondes
Tuf : roche poreuse, légère, formée de concrétions calcaires
Ubac : en montagne, versant exposé à l'ombre au nord

Les orgues basaltiques du Ray-Pic (Balade 35).

Bibliographie

- *Histoire de Valence et de sa région* - Robert Bornecque - Ed. Horvath
- *L'Ardèche autrefois* - Pierre Veyrenc - Ed. Horvath
- *La Drôme autrefois* - Martine Sadion - Ed. Horvath
- *Le guide de l'Ardèche* - Michel Riou - Ed. La Manufacture
- *Le guide du Vercors* - Maguy Dupont - Ed. La Manufacture
- *Le guide de la Drôme des collines* - Ch. et Fr. Gardelle - Ed La Manufacture
- *Les plus belles balades autour de Grenoble* - Bruno Pambour - Les Créations du Pélican
- *Massif du Vercors-Royans* - S. Sarthou, J.J. Bach - Ed Didier Richard
- *Randonnées en Ardèche* - C.D.R.P. - Ed Didier Richard
- *Randonnées en Vercors sud* - Antoine Salvi - Ed Didier Richard
- *Alpes du Nord* - Guide de tourisme Michelin
- *Vallée du Rhône* - Guide de tourisme Michelin
- *Rhône-Alpes Guides bleus* - Collectif Hachette
- *Vercors Diois* - Büech - Guide I.G.N.
- *Où voir les oiseaux en France ?* - Ed. Nathan
- *Circuits pédestres Vercors* - Jean Claude Praire - Guide Franck
- *Circuits pédestres Ardèche* - Michel Micolon - Guide Franck
- *Circuits pédestres Drôme* - Michelle et Bernard Epailly - Guide Franck
- *Val de Drôme-Tourisme* - Jean Noël Couriol - Ed. Le Crestet
- *Rando-guides et rando-carte* - n° 1 Drôme des collines C. D. T.
- *Rando-guide et rando-carte* - n° 4 Drôme provençale ouest C.D.T.
- *Rando-guide et rando-carte* - n° 5 Drôme provençale est C.D.T.
- *Sentiers du Vercors carto-guide* - Vercors Sud
- *Balades au pays de La Voulte* -Office de tourisme de La Voulte
- *Topo-guide de découverte entre Eyrieux et Ouvèze* - Comité de pays Ardèche
- *Circuits pédestres balisés de Die* - Office du tourisme de Die-Ours du Glandasse
- *Topo-rando Ouest Diois* - S. I. Saoû, Soyans, Francillon

L'auteur

L'AUTEUR

Animateur de randonnée pédestre, Christiane Birot est toujours à la recherche de nouveaux itinéraires à faire découvrir à ses amis. Déjà auteur de deux ouvrages de la collection sur la région Sud-Est, "Les plus belles balades autour d'Avignon" et "Les plus belles balades autour de Nîmes", elle propose ici de parcourir la région qui s'étend autour de Valence des deux côtés du Rhône. Le flanc oriental du Massif Central et le rebord occidental des Alpes constituent un terrain privilégié pour la randonnée pédestre, avec ses circuits variés et l'immensité de ses espaces naturels sauvages. Elle en a arpenté les sentiers avec enthousiasme, fixant sur la pellicule le charme secret de ses paysages. Avec ce livre, "Les plus belles balades autour de Valence", elle vous invite à la suivre sur quelques-uns des plus beaux itinéraires du Vivarais, du Vercors, du Diois et de la vallée du Rhône.

REMERCIEMENTS :

Un remerciement tout particulier à Yves Birot qui a participé avec moi à de nombreuses reconnaissances sur le terrain.
Merci à tous ceux et celles qui m'ont accompagnée sur les sentiers de la Drôme et de l'Ardèche : Jean-Pierre et Geneviève Feillet, Hélène Thomas, Chantal Stocker, Françoise Bouchon, Ute Yanish, Marie-France Pageron, Josette Charapa, Yuta Schwechler, Sophie Graveleau, Elizabeth Clavel, Jean Robin et tous les amis des "balades du jeudi".
Merci à Sylvie Dupré Latour et ses amis marcheurs de m'avoir accueillie dans leur groupe de randonnée autour de Valence.

CARNET D'ADRESSES

Météo France :
Drôme 36 65 02 26
Ardèche 36 65 02 07
Minitel 36 15 code météo
Comité départemental de Tourisme de la Drôme :
1, av. de Romans, 26000 Valence - Tél. 75 43 27 12
Office de tourisme de la Drôme :
Bd Maurice Clerc, 26000 Valence - Tél. 75 43 04 88
Corando (C.D.R.P.) 29, Côte des Chapeliers
26000 Valence - Tél. 75 55 85 70
Relais départemental des gîtes de la Drôme
Av. Georges Brassens, 26500 Bourg-les-Valence
Tél. 75 43 01 70
Parc Naturel Régional du Vercors-Maison du Parc
Chemin des Fusillés - BP 14-38250 Lans-en-Vercors
Tél. 76 95 40 33
Comité départemental de Tourisme de l'Ardèche
4, cours du Palais 07000 Privas - Tél. 75 64 04 66
Office de Tourisme de l'Ardèche :
3, rue Elie Reynier 07000 Privas - Tél. 75 64 33 35

Note de l'auteur et de l'éditeur

La pratique de la promenade en campagne, comme de la randonnée, ne saurait en aucun cas dispenser du respect de la réglementation ou des interdictions signalées. Entre le moment où les itinéraires ont été mis au point et celui où le randonneur effectue son parcours, réglementations et interdictions ont pu être modifiées, de nouveaux panneaux ou balises ont pu être posés, on doit impérativement en tenir compte.
L'auteur et l'éditeur dégagent toutes responsabilités des infractions qui pourraient être commises par les utilisateurs de ce guide en ce qui concerne notamment le non respect de la propriété privée.

Les Créations du Pélican

"Les plus belles balades autour de Valence", de l'Ardèche au Vercors, 40 itinéraires pédestres.
© 1997 Les Créations du Pélican / VILO
ISBN : 2 7191 0360-8
S.A. Vilo Distribution au capital de 1.000.000 F
RCS Paris B 393 330 022
Siège social : VILO, 25, rue Ginoux - 75015 Paris
Tél. : 01 45 77 08 05 - Fax : 01 45 79 97 15
Direction éditoriale : Jean-Michel Renault
9, avenue de la Galine - 34170 Castelnau-le-Lez
Tél. : 04 67 02 66 02 - Fax : 04 67 02 66 01
Dépôt légal 4e trimestre 1997

Rédaction et photos : Christiane Birot (CB)
Compléments photographiques : Hélène Koppel (H.K.), Stéphane Migaud (S.M.), Bruno Pambour (B.P.), (JMR).
Cartographie : Christophe Houllés, Alain Fournier
Maquette : Méditerranne
Photogravure : Atelier Six, Montpellier.